Johannes Rothenbaum

DAVID GARRETT

Die exklusive Biografie

Johannes Rothenbaum

DAVID GARRETT

Die exklusive Biografie

mvgverlag

Bibliografische Information der Deutschen Nationalbibliothek:
Die Deutsche Nationalbibliothek verzeichnet diese Publikation in der Deutschen Nationalbibliografie; detaillierte bibliografische Daten sind im Internet über http://d-nb.de abrufbar.

Für Fragen und Anregungen:
info@mvg-verlag.de

2. Auflage 2015

Redaktion: Birgit Walter, Augsburg
Umschlaggestaltung: Maria Wittek, München
Umschlagabbildung: © dpa Picture-Alliance GmbH
Satz: Daniel Förster, Belgern
Druck: Books on Demand GmbH, Norderstedt
Printed in Germany

ISBN Print 978-3-86882-429-2
ISBN E-Book (PDF) 978-3-86415-680-9
ISBN E-Book (EPUB, Mobi) 978-3-86415-681-6

Inhalt

Vorwort

Im Alter von vier Jahren lernen die meisten Kinder, wie man ein Bonbon aus dem Papier wickelt. Er spielte Geige. Mit 13 lehnen sich pubertierende Jungen gegen ihre Eltern auf und glänzen bestenfalls mit ihren Launen. Er unterschrieb seinen ersten Plattenvertrag und beeindruckte durch virtuose Darbietungen auf den Bühnen der Welt.

David Garrett war ein Wunderkind. Doch während andere frühe Talente spätestens mit Erreichen der Volljährigkeit vergessen sind, erfand er sich neu und startete mit Mitte 20 bereits seine zweite Karriere. Es sollte ein fulminantes Comeback werden: Binnen weniger Jahre stieg Garrett zum Superstar auf. Er brillierte nicht mehr allein auf der klassischen Bühne, sondern machte quasi im Alleingang ein neues Musikkonzept salonfähig, indem er sein Repertoire um Pop und Rock erweiterte. Neben Beethoven und Mozart interpretierte er Songs von Metallica oder Michael Jackson – eine Mischung, die er Crossover nannte und mit der er Stadien füllte. Millionen Menschen besuchten seine Konzerte und kauften seine CDs.

Gleichzeitig befreite er das Instrument Geige und die klassische Musik vom Staub der Jahrhunderte. Auch weil er sich anders präsentierte, als es das Publikum von einem Violinisten erwartete. David Garrett erfand sich nicht nur musikalisch neu, er machte sich auch optisch zur Marke: Mit zerrissenen Jeans, Totenkopfring, Tätowierungen und langen Haaren verlieh er sich ein Rebellenimage. Aus dem braven Geigenschüler von einst wurde der Mann, den seine überwiegend weiblichen Fans gerne als den schönsten Geiger der Welt bezeichnen.

Die Kombination aus klassischer Musik und modeltauglicher Optik rief auch die Medien. David Garrett und seine Geige avancierten zu Stammgästen in Talkshows, Zeitschriften widmeten ihm Titelgeschichten, Fernsehteams begleiteten ihn auf Schritt und Tritt. Zuletzt reüssierte er als Schauspieler in der Hauptrolle des Films *Der Teufelsgeiger*, in dem er sein erklärtes Vorbild Niccolò Paganini mimte – Nacktszene in der Badewanne inklusive.

»Alles für die Musik«, sagte Garrett dazu. Der Tatsache, dass er die Aufmerksamkeit der Medien nicht nur akzeptierte, sondern sie auch gezielt nutzte, läge allein die Motivation zugrunde, jede Möglichkeit auszuschöpfen, um die klassische Musik einem größeren und vor allem auch jüngeren Publikum näherzubringen.

Allerdings brachte der Erfolg Garrett nicht nur Anerkennung. Er erntete neben leiser Kritik an der ungewohnten Mischung der Musikstile sogar Missbilligung und Häme. Aufgrund seiner ständigen Präsenz in den Medien wurde er mitunter als leidlich begabter Fernsehgeiger tituliert, sein Crossover-Projekt machte ihn für Kritiker zum David Hasselhoff der klassischen Musik. Mancher, der ihn als Kind ob seiner Brillanz gelobt hatte, befand nun, dass sein Können hinter dem, was man ihm einst attestiert hatte, zurückblieb. Dass Garrett zwischendurch als Model arbeitete und sich auch für besagte Nacktszene nicht zu schade war, registrierte die elitäre Klassikszene ohnehin nur naserümpfend.

Garrett selbst betonte immer wieder, dass ihn solche Kritik nicht störe. Ihm war allein an seiner Mission und an der Anerkennung durch die wahren Koryphäen des Geigenspiels gelegen – und diese honorierten stets sein Können.

Doch egal ob Lob oder Kritik – eine Frage blieb trotz der großen medialen Präsenz des Virtuosen bisher unbeantwortet: Wer ist eigentlich David Garrett?

Hinsichtlich seiner Herkunft bestanden nie Fragen, doch die wahre Persönlichkeit des immer noch jungen Genies ist ein Rätsel. Der Garrett, der sich in Talkshows präsentiert und in Interviews Fragen beantwortet, ist zweifellos intelligent und gebildet. Er ist aber auch ein Mensch, der nur zu gerne die lächelnde Fassade aufrechterhält. Wenn David Garrett erzählt, scheint es in seinem Leben nur Gutes zu geben. Seine schwierige Kindheit hat er anscheinend akzeptiert und hinter sich gelassen. Dass sein Leben mit zahllosen Konzerten pro Jahr und der Planung ständig neuer Projekte hauptsächlich aus Arbeit besteht, scheint ihn nicht zu stören. Sogar dem nahezu völligen Fehlen eines Privatlebens gewinnt Garrett positive Seiten ab, wenn er danach gefragt wird. Er verhehlt dann nicht einmal, dass er sich einsam fühlt – verkauft jedoch selbst das als positive Erfahrung. Wann immer es möglich ist, weist David Garrett darauf hin, dass ihm Ehrlichkeit wichtig ist und dass er keine Lust auf Lügen hat.

Ist er also tatsächlich das erwachsen gewordene Wunderkind, das die Last seiner Jugend, die nur aus dem Erlernen des Violinspiels bestand, vollkommen hinter sich gelassen hat? Identifiziert er sich wirklich allein über seine Musik und die damit verbundene Arbeit? Oder hat die öffentliche Person kaum etwas mit dem Menschen David Garrett zu tun? Verbirgt sich hinter der Fassade des lächelnden Charmeurs eine unbekannte, dunkle Seite? Wer sich mit dem Leben des Stars beschäftigt, wird entdecken, dass sich diese Fragen allesamt mit Ja beantworten lassen.

1. Satz:

Adagio –
Einmal
Weltkarriere
und zurück

Der Klau einer Geige

Die Geschichte des David Garrett ist die von Wolfgang Amadeus Mozart, von Niccolò Paganini und auch die von Steffi Graf, zumindest im Hinblick auf die frühen Jahre. Sie alle waren sogenannte Wunderkinder, die einen als Musiker, Steffi Graf als Sportlerin. Hinter den kleinen Persönlichkeiten standen ehrgeizige Eltern, die das Talent ihrer Sprösslinge früh erkannten und förderten – was in jedem Fall das unnachgiebige Anstacheln zu unablässigem Training beinhaltete.

Mozart erhielt bereits im Alter von vier Jahren von seinem Vater Klavier- und Geigenunterricht, zwei Jahre später unternahm er erste Konzertreisen. Paganini erzählte einst, wie er von seinem Vater in frühester Jugend zu stundenlangem Geigenspiel gezwungen wurde und nichts zu essen bekam, wenn er nicht fleißig genug geübt hatte. Steffi Graf bekam als Dreijährige von ihrem Vater den Tennisschläger in die Hand gedrückt. Sie wurde intensiv gedrillt, sodass sie kaum zwei Jahre später ihr erstes Turnier gewann.

Im Vergleich dazu wirken die Anfänge des Violinisten David Garrett noch harmlos. Schließlich wurde er nicht mit Druck an das Instrument herangeführt, sondern er nahm die Geige selbst in die Hand. Zunächst jedenfalls.

Die Frage, wann alles begann, wird von Fans des Virtuosen heiß diskutiert. Dass David Garrett am 4. September Geburtstag hat, ist unter seinen Anhängern unbestritten, das Jahr, in dem er das Licht der Welt erblickte, sorgt allerdings für Kontroversen. Während die einen steif und fest behaupten, Garrett sei 1980 geboren worden, legen sich andere mit gleicher Vehemenz auf das Jahr 1981 fest. Garrett selbst trug in der Vergangenheit wenig zur Aufklärung bei. Vielmehr gab er in Interviews gelegentlich 1981 an, bestätigte andererseits aber auf Nachfrage 1980 als sein Geburtsjahr.

Vergessen – oder ignoriert – wird bei dieser nicht enden wollenden Diskussion, dass es längst eine offizielle Angabe gibt: Garrett wurde am Donnerstag, den 4. September 1980 geboren. Dass der Star in den Medien beide Versionen bejahte, hatte einen einfachen Grund: Es interessierte ihn nicht. Alles, worüber er sprechen wollte, war die Musik, die ihn quasi ab der ersten Minute seines Lebens begleitete – schon in der Zeit, als er noch David Christian Bongartz hieß.

David wuchs in einem Umfeld auf, in dem nicht die Fußballbundesliga oder der letzte *Tatort* Gesprächsthemen waren. Im Hause Bongartz liebte und lebte man die klassische Musik. Eine Leidenschaft, die man sich leisten konnte, denn finanziell fehlte es der Familie an nichts.

David Garrett hat zwei Geschwister. Sein Bruder Alexander ist zwei Jahre älter, seine Schwester Elena acht Jahre jünger als er.

Die klassische Musik und vor allem die Violine, die er als ambitionierter Amateur spielte, waren von jeher die großen Leidenschaften des Juristen Georg Paul Bongartz, Davids Vater. Seit 1976 führt der heute 64-Jährige ein Auktionshaus, das sich auf Geigen sowie weitere musikalische Sammlungs- und Kunstgegenstände spezialisiert hat. Diese Geschäftsidee, die die privaten Vorlieben mit der Notwendigkeit des Geldverdienens vereint, entstand bereits in jungen Jahren und verzeichnet bis heute wachsenden Erfolg.

Eines Abends besuchte Bongartz die Aufführung eines gastierenden Ensembles im Theater Aachen – und wurde auf die blonde Primaballerina aufmerksam. Die aus Washington D. C. in den USA stammende Dove-Marie Garrett arbeitete damals schon seit geraumer Zeit in Deutschland, unter anderem am Frankfurter Ballett. Die Begegnung mit Georg Paul Bongartz sollte ihre Karriere als Tänzerin jedoch bald beenden, aus der Primaballerina Garrett wurde die Ehefrau und Mutter Bongartz.

Die Verbindung zwischen einer Primaballerina und einem Geigenliebhaber machte es nun fast selbstverständlich, dass die klassische Musik das Familienleben prägte. Nicht nur passiv, sondern auch aktiv. Vor allem der Vater legte Wert darauf, dass jedes seiner Kinder ein Instrument erlernte. Das galt natürlich zunächst für den ältesten Sohn Alexander, der ab dem Alter von sechs Jahren Geigenunterricht erhielt.

David Christian war eigentlich noch zu klein, doch ein klassischer Geschwisterkonflikt schuf die Basis für die Karriere eines Violinisten, als dieser gerade einmal vier Jahre alt war. David Garrett berichtet noch heute davon, dass Alexanders neues »Spielzeug« den Ausschlag für seine eigene Entwicklung gab: »Es war wie mit dem Fahrrad, das der ältere Bruder besitzt: Das will ich auch haben!« Der große Bruder hatte eine Geige, der Jüngere war neidisch und nahm sie dem Älteren weg.

Der Vierjährige wollte das Instrument jedoch nicht nur besitzen, er wollte es auch benutzen. Also machte er auf der Geige das nach, was er bei seinem Bruder beobachtet hatte. Im Hause Bongartz amüsierte man sich zunächst über den Streich. Da David Christian ein lebhaftes, extrovertiertes Kind war, überraschte die »Aktion Geigenklau« nicht sonderlich. Doch was zunächst noch als lustige Kinderei erschien, wuchs schnell zu mehr heran.

Während andere Kinder ihr »Beutestück« vermutlich nach dem ersten Triumph beiseitegelegt hätten, mochte David sich von dem Instrument nicht mehr trennen. Mit einer Mischung aus Neugier und Selbstverständlichkeit spielte er auf der Geige und lernte zur allgemeinen Überraschung rasend schnell die Musikstücke, die sich eigentlich sein Bruder im Geigenunterricht aneignen sollte. Den Eltern wurde schnell bewusst, welches Potenzial sich hier entfaltete.

Einen ließ die Angelegenheit jedoch kalt: Alexander war wegen des Geigenklaus nicht etwa beleidigt, er wandte sich vielmehr fast schon erleichtert dem Klavierunterricht zu. Die Violine hatte ihn nie wirklich interessiert.

Für den Vater war die Entdeckung des jungen Talents ein einschneidendes Erlebnis. Er, der die Geige so liebte, konnte nun über den Werdegang eines viel größeren Genies mitbestimmen. Er zeigte ihm, wie er die Finger auf die Saiten setzen musste, um die richtigen Töne zu erzeugen.

Mit einer normalen Kindheit war es für David nach der eigentlich spielerischen Eroberung des Instruments schnell vorbei. Vater Bongartz setzte alles daran, dass der kleine Junge so oft und so intensiv wie möglich an seinem Talent arbeitete. Bald stand das Durchspielen aller wichtigen Geigenschulen auf dem täglichen Stundenplan.

Lange allerdings reichte dem Vater der häusliche Unterricht nicht mehr aus. In seinem Bewusstsein war der begabte Sohn längst zum Wunderkind gereift, das zu Höherem berufen war.

Kaum fünf Jahre alt geworden gab es für David nun auch keine normalen Wochenenden mehr. Stattdessen ging es gemeinsam mit den Eltern im Auto alle sieben Tage von Aachen über die niederländische Grenze in das rund 200 Kilometer nördlich gelegene Hilversum bei Amsterdam – hin und zurück vier Stunden Fahrt.

Tatsächlich war Georg Paul Bongartz an den Grenzen seiner eigenen Fähigkeiten als Musiker und Lehrer angelangt und wollte seinen Sohn zusätzlich von einem erfahrenen Ausbilder unterrichten lassen. Die Niederlande galten in jener Zeit als führend in der Förderung junger Talente, sowohl auf sportlichem als auch auf musikalischem Gebiet. In Hilversum hatte sich Coosje Wijzenbeek, selbst eine ausgezeichnete Violinistin, auf die Früherziehung Geige spielender Kinder spezialisiert. Für den kleinen David waren die Besuche in den Niederlanden die ersten Momente, in denen er nicht allein üben musste, sondern sich in der Gesellschaft anderer junger Talente wiederfand. Zu den Schülern Wijzenbeeks zählte auch die damals sechsjährige Holländerin Janine Jansen, die später ebenfalls international Karriere machte.

Außerdem konnte David nun regelmäßig in kleinen Wettbewerben sein Können beweisen. Einmal im Monat mussten die Schüler vorspielen und sich dabei an der Konkurrenz messen. Hinter diesem Prozedere stand die Absicht, die einzelnen Schüler durch den Vergleich mit den anderen zu motivieren. Wer hinter den Leistungen der Klassenmitglieder zurückblieb, sollte in den nächsten Wochen noch fleißiger üben, um beim nächsten Mal mithalten zu können.

Coosje Wijzenbeek setzte jedoch nicht nur auf die Selbstmotivation der Kleinen. Bei den Wettbewerben waren die Eltern stets dabei. Sollte ein Kind also nicht genügend Ehrgeiz entwickeln, es beim nächsten Mal besser machen zu wollen, konnte man durchaus darauf bauen, dass die Eltern zu Hause den Drill verstärken würden.

Georg Paul Bongartz war von den Aufenthalten in Hilversum begeistert. Vor allem die Wettbewerbe hatten es ihm angetan, da sein Sohn dort regelmäßig brillierte.

Eine Kindheit also, die täglich von Geigenspiel und von Konkurrenzdruck geprägt war. Für die meisten Eltern und Kinder ist ein solcher Alltag unvorstellbar. Für David Christian Bongartz war dies normal, er kannte nichts anderes. Tatsächlich hatte der Junge zu diesem Zeitpunkt bereits den Wunsch gefasst, Berufsmusiker zu werden. Vermutlich auch, weil er gar keine Alternativen kannte. Lokführer oder Rennfahrer werden, wie Gleichaltrige es sich erträumen? Er wusste ja nicht einmal, was ein Rennfahrer war. Vertraut war ihm seine Violine, mit der er immer weitere Fortschritte machte, und in musikalischer Hinsicht zahlte sich der Aufwand schnell aus. Die positive Entwicklung des Ausnahmetalents ließ in den Augen der Eltern die Bühne der niederländischen Schule bald zu klein wirken. Etwas Größeres musste her, eine Veranstaltung mit höherem Stellenwert, bei der der Junge vor Fachpublikum glänzen konnte.

Rasch fiel die Auswahl auf »Jugend musiziert«. Dieser in Deutschland seit 1964 bundesweit veranstaltete Wettbewerb ist eine der renommiertesten Plattformen für junge Musiker. Er wurde gegründet mit der Absicht, gezielt nach Nachwuchs für die großen Orchester zu suchen. Im Laufe der Zeit entwickelte er sich jedoch zu einem Projekt, das sich der Förderung von Kindern und Jugendlichen mit musikalischen Ambitionen widmet. Bis heute haben etwa 500 000 Talente an »Jugend musiziert« teilgenommen.

Für David Christian Bongartz wurde »Jugend musiziert« zum ersten großen Wettkampf und zum Meilenstein. Mit seinen fünf Jahren zählte er zu den jüngsten Teilnehmern. Er überzeugte die Juroren mit einem fehlerfreien Vortrag der F-Dur-Romanze von Beethoven und sicherte sich damit den ersten Platz.

Der Vater erinnerte sich später in einem Interview an diesen Moment. David hätte auf der Bühne an Herkules oder an Siegfried mit seinem Schwert Balmung erinnert – an einen heroischen Kämpfer. Vor allem aber wäre der Auftritt bei »Jugend musiziert« der endgültige Beweis gewesen, wozu der Junge fähig war. Schließlich enthalte die F-Dur-Romanze von Beethoven einen besonders schwierigen Griffwechsel von der G- zur E-Saite, den David meisterhaft bewältigt hatte. Diese Leistung, sagte Bongartz, hätte ihm endgültig vor Augen geführt, dass es sich bei seinem Sohn um einen großartigen Violinisten handelte.

Der beachtliche Erfolg bei »Jugend musiziert« zog noch höhere Anforderungen nach sich. Die Eltern waren stolz auf David, sahen sich aber gleichzeitig in ihrer Annahme bestätigt, dass ihr Kind einzigartige Fähigkeiten besaß, die es zu fördern galt.

Regelmäßig trat David nun auch öffentlich auf. Zwar füllte er noch keine großen Konzerthallen, aber er lernte einmal mehr, dass er von Menschen immer dann Beifall und Anerkennung bekam, wenn er für sie auf der Geige spielte.

Der Traum von der Weltkarriere

Der genaue Zeitpunkt, an dem aus David Bongartz der Musiker mit dem Namen Garrett wurde, ist unklar. David selbst gab in Interviews sein achtes Lebensjahr an – die Erinnerung könnte aber angesichts der noch ungenauen Perspektive eines Kindes trügen. Andere Quellen besagen, das Wunderkind sei erst im Alter von zehn Jahren unter dem neuen Namen aufgetreten. Vermutlich treffen beide Angaben zu: Von der ersten Idee bis zur tatsächlichen Umsetzung und dauerhaften Etablierung des Namenswechsels dürfte einige Zeit vergangen sein.

Ausschlaggebend für die Umbennung soll laut Davids Vater übrigens der Umstand gewesen sein, dass der Name Bongartz in der Branche weltweit für Violinenauktionen bekannt war – als Vater habe er vermeiden wollen, dass sein Sohn immer und sofort mit ihm in Verbindung gebracht wird.

Generell lässt sich von jenem Alter an Davids Leben nur in zwei Versionen beschreiben – aus der Perspektive der Eltern oder aus der Wahrnehmung des Sohnes heraus. Die Blickwinkel könnten nicht unterschiedlicher sein: Der Vater erachtete diese Zeit als ganz normal. Bis heute betont er, David sei kein verzärteltes oder durch permanenten Leistungsdruck geschundenes Kind gewesen. Er beschreibt den jungen David als extrovertiert – ganz und gar nicht verschlossen und nicht anders als seine Altersgenossen. Die wertvollen Hände habe David nicht geschont, sondern sich durchaus gelegentlich mit Klassenkameraden geprügelt. Ganz allgemein sei der Junge ein echter Haudegen gewesen.

Tatsächlich blieb für solche Normalität wenig Zeit, in der Regel musste David nach Schulschluss schnell zum Geigeüben nach Hause. In den Augen des Vaters widersprach es dem Auftrag der Förderung eines so großen Talents, es bis zum Nachmittag mit einem festen Stundenplan in der Schule sitzen zu lassen.

Eine solche »Gleichmacherei« stellte für Georg Paul Bongartz das Gegenteil der Unterstützung der persönlichen Entwicklung dar. Nach seiner Auffassung war die Schule ein Spiegelbild der herrschenden Neidgesellschaft. Allen Kindern in allen Klassen den gleichen Stoff beizubringen, war seiner Meinung nach Ausdruck der Präferenz, die besonderen Fähigkeiten einzelner Kinder lieber zu verschleiern, als sie zu fördern. Er war überzeugt, man müsse stattdessen den Individuen Raum geben, sich zu entfalten.

Für David hatte diese Überzeugung bald ganz konkrete Folgen. Nach zwei Jahren Schule erhielt er zu Hause Privatunterricht. Georg Paul Bongartz behauptete, dass alles im Sinne des Kindes geschah und die Eltern sehr genau darauf achteten, keinen Fehler zu machen. »Wer eine Kinderseele überfordert, indem er den Verstand überbelastet, kann sie schnell kaputt machen«, ließ Bongartz den *Rheinischen Merkur* in einem seiner seltenen Interviews wissen.

Auch habe er seinen Sohn nicht unter Druck gesetzt oder ihn gar zum Üben gezwungen. Für aufmerksame Eltern sei es klar zu erkennen, in welche Richtung sich ein Kind entwickle. Nach Bongartz' Beschreibung hatte sein Sohn das Bedürfnis gehabt, ihm seine Fähigkeiten zu demonstrieren. Hätte David keine Neigung gezeigt, Geige zu spielen, hätte er ihn nie dazu angestachelt. »Sie werden doch nicht das eigene Kind, wenn sie sehen, dass es keine Lust hat zu arbeiten, dazu zwingen. Sie lieben es doch. Also wer liebt denn sein Kind mehr als die eigenen Eltern?«

Die Neidgesellschaft, die Bongartz dafür verantwortlich hält, dass in den Medien immer wieder darüber berichtet wird, wie Eltern ihre möglicherweise begabten Kinder gegen deren Willen zu Höchstleistungen zwingen, war ebenfalls Gegenstand dieses Interviews: »Es ist ja immer wieder das alte Spiel. In der Klasse ist der Klassenprimus in der Regel nicht gern gesehen. Da kommt Missgunst auf, und dann sucht man einen Vorwand, weil man nicht gern zugibt, dass man neidisch ist, und dann findet man einen anderen Vorwand, um das möglichst zu bremsen.«

Gemäß seiner Auffassung, dass die Bezeichnung »ehrgeizige Eltern« in Deutschland eine weitaus negativere Bedeutung habe als in anderen Ländern, forderte Bongartz ein Umdenken und die Unterstützung solcher Paare. Dass er selbst oder andere Eltern talentierter Kinder Fehler bei der Erziehung gemacht haben könnten, sah er nicht. Vielmehr erachtete er die Übernahme der Verantwortung für die Entwicklung seines Sohnes als Notwendigkeit: »Ein Kind ist schließlich nicht in der Lage, seine eigenen Entwicklungsschritte zu überwachen.«

Generell wurden Dove-Marie und Georg Paul Bongartz nicht müde, auf die Normalität im Alltag ihres Kindes hinzuweisen. Die Eltern berichteten, wie ihr Sohn gerne auf Bäume kletterte und mit anderen Jungen Fußball spielte. Zwar hätten andere Kinder mit Freude ihre jährlichen Klassenfahrten unternommen, doch David habe zum Ausgleich schließlich die Chance bekommen, sein Geigenspiel durch den Unterricht bei anerkannten Lehrern zu optimieren. »Natürlich hat er manche Sachen nicht gemacht. Aber er hat auch ganz normal im Sand gespielt und seine Klassenkameraden getroffen«, so Bongartz im Rheinischen Merkur.

David selbst sei es gewesen, der nie aufgegeben habe. Auf diese Eigenschaft ihres Sohnes hätten sie als Eltern gar keinen Einfluss gehabt. Es wäre gar nicht nötig oder möglich gewesen, ihn zu etwas zu drängen. David sei ein Kind gewesen, das sich wie ein Terrier an einer Sache festgebissen habe, vor allem eben an der Perfektionierung seines Umgangs mit der Geige. Ohne diesen Charakterzug hätte er es nicht geschafft, so viel zu erreichen. Darüber hinaus habe der Sohn durch die gezielten erzieherischen Maßnahmen schon früh die menschliche Reife entwickelt, die es ihm gestattet habe, auf dem Niveau erwachsener Musiker zu spielen. David sei eben einfach nur ein Wunderkind gewesen, das jede erdenkliche Förderung erhielt. Ohne Druck, ohne Zwang.

Also alles in Ordnung in Sachen Kindheit? Die Version des Sohnes hört sich anders an. Das beginnt schon bei der Bezeichnung »Wunderkind« – für David Garrett ein beschönigender Ausdruck dafür, dass ein Kind von den Eltern bis an seine Grenzen getrieben wird, und eine höfliche Verschleierung von Kinderarbeit, denn nichts anderes ist es aus heutiger Sicht für ihn, wenn ein Sechs- oder Achtjähriger zu vier Stunden Geigeüben pro Tag verdonnert wird.

Auch die Aussage, dass er selbst sein Können ständig verbessern wollte und die Lektionen immer weiter vorantrieb, kann Garrett aus seiner Erinnerung heraus nicht bestätigen. Er bezeichnet das Familienleben und die an ihn gestellten Anforderungen als »hundertprozentige Fremdsteuerung« vor allem durch die Eltern. »Es hieß immer nur: Du musst!« Selbst wenn er ausnahmsweise gefragt wurde, wozu er Lust habe, habe er immer gespürt, dass eine bestimmte Antwort von ihm erwartet wurde. Wollte er lieber mit anderen Kindern Fußball spielen oder allein zu Hause Geige üben? Die erwartete Antwort war klar. Entscheidungen, sagt Garrett, habe er selbst nie getroffen.

David Garrett erinnert sich auch, mehrmals täglich darauf hingewiesen worden zu sein, alles zu unterlassen, was Verletzungen an den Fingern hervorrufen könnte. Bolzplätze waren für ihn Sperrgebiet, da man beim Fußballspielen stolpern und auf die Hände fallen konnte. Kicken durfte er bestenfalls im Garten des Elternhauses. Immerhin erlaubte man ihm fernzusehen, wenn die täglichen Übungsstunden absolviert waren.

David Garrett empfand die vielen Ermahnungen und Verbote als besonders schmerzlich, da sie ausschließlich für ihn galten. Dem älteren Bruder und der jüngeren Schwester wurden deutlich mehr Freiheiten zugestanden, schließlich waren die beiden »nur« ganz normale Kinder.

Von Trost oder liebevollen Momenten ist wenig zu hören, wenn David Garrett von seiner Kindheit spricht. Vielmehr erinnert er sich an ein allumfassendes Gefühl von Traurigkeit, das allein in jenen Momenten unterbrochen wurde, in denen ihm seine Großmutter ein wenig Aufmerksamkeit und Zuspruch schenkte.

Auch der Privatunterricht, den David erteilt bekam, schürte den Eindruck der Leere. Der Junge empfand die Stunden des Tages, in denen er dem Lehrer gegenübersaß und gezwungen war, sich ohne jede Abwechslung auf Themen zu konzentrieren, die ihn kaum interessierten, als besonders furchtbar. In der *B.Z.* sagte er einmal: ».Man kann weder zwischendrin quatschen noch Kaugummi kauen.«

Vor allem aber sind Garretts Erinnerungen von dem Gefühl der Ausweglosigkeit geprägt. Als Kind kannte er keinen anderen Alltag, also fand er sich mit den Gegebenheiten ab – auch weil er wusste, wie sein Vater reagierte, wenn er sich einmal querstellte. Mit vier Jahren, so erzählte David selbst, hatte er den Wunsch, Musiker zu werden. In den Jahren danach vergaß er diesen Traum. Er hatte zu viel damit zu tun, bereits ein Musiker zu sein.

Begegnungen

Acht Jahre alt, täglich Geigenunterricht, ein Privatlehrer. Dazu regelmäßig Auftritte vor Publikum. Im Grunde unterschied sich Davids Leben wenig von dem, was es bereits im Alter von sechs Jahren für ihn beinhaltet hatte. Natürlich hatte er sein Violinspiel in der Zwischenzeit deutlich verbessert, doch etwas fehlte – zumindest in den Augen des Vaters. Zum Beispiel ein noch besserer Lehrer. Ein Ausbilder, um den sich die Eltern aller jungen Musiker rissen, der aber von Davids Fähigkeiten so überzeugt sein sollte, dass er sich bevorzugt um ihn kümmern würde – um das einzig wahre Ausnahmetalent.

Georg Paul Bongartz fand diesen Lehrer. Kurz nach seinem neunten Geburtstag traf David im Oktober 1989 zum ersten Mal Zakhar Bron, den Violinpädagogen, der sein Spiel maßgeblich beeinflussen und auf ein noch höheres Niveau heben sollte.

Bron wurde 1947 in der kasachischen Großstadt Oral geboren. Er durchlief eine umfassende Ausbildung als Geiger: Er lernte zunächst an der Stoljarski-Schule in Odessa, studierte dann bei dem russischen Geiger Boris Goldstein am Gnessin-Institut in Moskau und bei dem Sohn des legendären Geigers Dawid Oistrach: Igor Oistrach. Später verlegte er sich neben dem eigenen Geigenspiel zunehmend auf das Unterrichten des Instruments und ebnete zahlreichen Musikern den Weg zum Weltruhm.

Zakhar Bron arbeitete in seiner Heimat, aber auch im Ausland. 1989, im Jahr des Falls der Berliner Mauer, war seine pädagogische Zentrale das Lübecker Institut für schulbegleitende Musikausbildung der Musikhochschule Lübeck.

Die Ausbildung seines Sohnes durch diesen Meister des Geigenspiels war Georg Paul Bongartz jede Mühe wert. Hatte die Anfahrt zu den bisherigen Wochenendlektionen im niederländischen Hilversum gerade einmal zwei Stunden gedauert, so war die Familie nun deutlich länger mit dem Auto unterwegs. Jeden Donnerstag machte sie sich auf den mehr als 500 Kilometer langen Weg und fuhr sechs Stunden von Aachen nach Lübeck. Sonntags wurde der Rückweg angetreten, der wegen des

Wochenend-Ausflugverkehrs oft noch länger dauerte. David besuchte den Professor sechs Jahre lang, mit einer besonders intensiven Ausbildungsphase von vier Jahren. Vor allem zahlreiche technische Finessen im Spiel des David Garrett gehen auf Zakhar Bron zurück.

Die regelmäßigen Besuche in Lübeck verdeutlichen einmal mehr, wie das Leben des jungen David aussah. Er war umgeben von Erwachsenen, Professoren und Profis. Kontakte zu Gleichaltrigen fanden zufällig statt, Freunde waren ein Fremdwort. Auch die wenigen Freizeitaktivitäten unterschieden sich deutlich von jenen anderer Kinder. Die Familie Bongartz besuchte mit ihrem Wunderkind klassische Konzerte – ein Programm, das David tatsächlich genoss, da er jenseits aller Regeln und Strenge die Musik wirklich liebte.

Der nächste Meilenstein ließ nicht lange auf sich warten: David absolvierte in Bad Kissingen seinen ersten großen Auftritt mit Orchester. Er spielte das Violinkonzert in G-Dur von Mozart und wurde vom Publikum begeistert gefeiert. Einen kleinen Jungen, der in solcher Perfektion musizierte, kannte man bis dato nicht. Spätestens ab diesem Moment also war David nicht nur für seine Familie und seine Lehrer ein Wunderkind, sondern wurde auch von den anspruchsvollen Besuchern klassischer Konzerte als solches angesehen.

In jener Zeit trat die Idee der Namensänderung von Bongartz in Garrett auch wieder in den Vordergrund. David feierte seinen zehnten Geburtstag und hatte bereits einige von Kritikern aufmerksam beobachtete Auftritte erfolgreich absolviert, die angestrebte internationale Karriere schien näherzurücken. Also setzten Dove-Marie und Georg Paul Bongartz den wohl seit zwei Jahren schwelenden Plan in die Tat um und beschlossen, dass David von nun an unter dem Mädchennamen seiner Mutter auftreten sollte.

Tatsächlich nahm die ohnehin schon rasante Karriere deutlich Schwung auf. Waren die bisherigen Konzerte zwar durchaus achtenswert gewesen, folgte 1991 nun der Schritt auf die ganz große Bühne. Als Debüt des jungen Geigers wird deshalb meist nicht Bad Kissingen genannt, sondern sein Konzert mit dem Philharmonischen Staatsorchester Hamburg unter dem Dirigenten Gerd Albrecht, bei dem er die *Zigeunerweisen* von Pablo de Sarasate spielte. Das Publikum war einmal mehr begeistert und auch die lokalen Medien schwärmten. »Er scheint der geborene Geiger zu sein«, schrieb etwa die Zeitung *Hamburger Abendblatt*.

Die Aufmerksamkeit nahm weiter zu und bald zeigte auch das Fernsehen Interesse an dem Wunderkind. Dabei half der Zufall mit: Der Dirigent und Pianist Justus Frantz hatte 1990 die ZDF-Sendung *Achtung Klassik!* ins Leben gerufen, ein Format, das den Zuschauern klassische Musik in möglichst populärer Form präsentieren sollte. Was also lag näher, als einen Jungen vorzustellen, der die Geige beherrschte wie kaum ein Erwachsener? David war überaus stolz auf die Einladung in eine Fernsehshow – so stolz, dass er eigens zu diesem Anlass von einem für Kinderhände geeigneten kleinen Instrument auf eine »richtige« Geige wechselte.

Der TV-Auftritt vergrößerte den Bekanntheitsgrad von David Garrett schlagartig. Es folgten nicht nur weitere Einladungen in Fernsehsendungen – auch die internationale Karriere wurde bald Realität. David Garrett spielte in den folgenden Jahren mit dem London Philharmonic Orchestra, gastierte in Los Angeles und trat mit dem Russischen Nationalorchester auf.

Außerdem kam es zu einer weiteren prägenden Begegnung. David Garrett traf Ida Haendel, von der er später sagen sollte, dass sie sein Violinspiel am stärksten beeinflusste.

Es war ein Zusammentreffen zweier Menschen, die auf den ersten Blick nicht unterschiedlicher sein konnten, die jedoch ein überaus großes Maß an Gemeinsamkeiten besaßen. David war zu diesem Zeitpunkt elf Jahre alt, die 1928 im polnischen Chelm geborene, mittlerweile in Großbritannien lebende Ida Haendel mehr als 50 Jahre älter als er. Dennoch blickte die Violinistin nicht auf das Wunderkind herab. Vielmehr konnte sie sich sehr gut in den Jungen hineinversetzen. Sie selbst hatte als Dreijährige begonnen, sich auf der Geige ihrer Schwester Melodien beizubringen. Bald schon erhielt sie professionellen Unterricht und wurde im Alter von nur sieben Jahren an der Musikakademie Warschau aufgenommen.

Im Jahr 1935 verließ Haendels Familie die polnische Heimat und zog nach Paris, wo das Mädchen von herausragenden Lehrern wie Carl Flesch und George Enescu unterrichtet wurde. Beim Ausbruch des Zweiten Weltkriegs war Ida Haendel zwar gerade einmal zehn Jahr alt, trotzdem spielte sie in den Kriegsjahren immer wieder vor amerikanischen und britischen Truppen auf.

Die Begegnung zwischen Ida Haendel und David Garrett fand nicht zufällig statt – Davids Eltern initiierten die Reise nach England, bei der der Junge vorspielen sollte, um in die Meisterklasse der auch als Geigenlehrerin tätigen Virtuosin aufgenommen zu werden. David brachte zu diesem Treffen einen ganzen Stapel Notenblätter mit. Als Haendel ihn fragte, was er denn vorspielen wolle, kramte er den Stapel hervor und sagte, sie solle sich einfach etwas aussuchen. Die erfahrene Lehrerin hielt diese Aufforderung für einen Dummejungenstreich. Mit der Absicht, es dem vermeintlichen Aufschneider besonders schwer zu machen, wählte sie eine Komposition von Tschaikowsky. Schon nach den ersten Noten des ersten Satzes war nicht David platt, sondern die Lehrerin. Was sie zu hören bekam, war nicht der kindliche Versuch einer Interpretation, sondern ein ausgereifter Vortrag, der vergessen ließ, dass kein Erwachsener die Geige spielte.

Nach diesem Vorspielen war die Sache entschieden – Ida Haendel wollte David Garrett unterrichten. Dabei handelte es sich nicht um Lektionen im eigentlichen Sinne. Ida Haendel spürte eine besondere Verbindung zu dem Jungen und stand ihm eher als Kollegin denn als Lehrerin zur Seite. Zudem erfolgte der Unterricht nicht nach schulischem Vorbild, die Begegnungen fanden sporadisch statt. Mal trafen sich die beiden in London, mal im US-amerikanischen Miami. Trotzdem waren diese Momente immer äußerst intensiv. Bis zu seinem 17. Lebensjahr vermittelte Ida Haendel David immer wieder neue Aspekte, die sein Spiel noch besser werden ließen. Garrett selbst bezeichnet diese Begegnungen als besonders lehrreich, da Ida Haendel auch seine Wahrnehmung der Musik entscheidend beeinflusste. Sie gab ihm zu verstehen, dass Musik weit mehr war als auf Papier geschriebene Noten, die es nachzuspielen galt, dass es sich dabei um eine Sprache handelte, die er verstehen musste, wenn er perfekt mit ihr umgehen wollte. Insgesamt hatte die außergewöhnliche Beziehung zwischen den beiden den wohl entscheidendsten Einfluss auf Garretts Entwicklung.

Weltweiter Ruhm

Nach der ersten Begegnung mit Ida Haendel begannen Träume wahr zu werden – vor allem die Träume von Vater und Mutter Bongartz. Mittlerweile hatte sich in der Welt der Klassik herumgesprochen, welch einzigartiges Talent in Aachen heranwuchs. Das galt nicht nur für das Publikum, sondern auch für etablierte Musiker. Vor allem namhafte Dirigenten wurden auf den jungen David aufmerksam beziehungsweise aufmerksam gemacht – ein kleiner, aber feiner Unterschied, wie sich zeigen sollte.

Auch die Plattenindustrie zeigte Interesse. Das Label Deutsche Grammophon, das im Bereich der klassischen Musik als führend galt, bot der Familie Bongartz einen exklusiven Plattenvertrag an, da man sich von den Aufnahmen des erstaunlichen Talents ordentliche Verkaufszahlen versprach. Der gerade einmal 13 Jahre alt gewordene David Garrett war damit der jüngste Künstler, der je bei diesem Unternehmen unter Vertrag genommen wurde.

Der Plattenvertrag sollte in jenem Jahr nicht das einzige Highlight bleiben. David wurde völlig unerwartet eine große Ehre zuteil: Er wurde von dem damaligen Bundespräsidenten Richard von Weizsäcker eingeladen, in dessen Amtssitz, der Villa Hammerschmidt in Bonn, ein Konzert zu geben.

Das wirklich Wichtige an diesem Ereignis sollte allerdings nicht das Konzert an sich sein – sondern das, was sich daraus ergab. Zu den handverlesenen Gästen in der Villa Hammerschmidt zählte ein Vertreter der Talbot Stiftung, die der Waggonfabrik Talbot angehörte. Dieses traditionsreiche Unternehmen, das in Davids Heimatstadt Aachen Schienenfahrzeuge herstellte, besaß etwas Einzigartiges: die San Lorenzo Stradivarius aus dem Jahr 1718, ein Instrument des berühmten Geigenbauers Antonio Giacomo Stradivari. Dieses Einzelstück von unschätzbarem Wert bot die Stiftung nun David Garrett als dauerhafte Leihgabe an – eine Offerte, die selbstverständlich nicht abgelehnt wurde.

Viel Zeit, sich über die Leihgabe zu freuen, blieb David Garrett nicht. Noch immer war sein Leben vor allem von Arbeit geprägt. Und diese sollte eine weitere bedeutende Begegnung mit sich bringen. Der unterschriebene Plattenvertrag wurde schon bald in ein konkretes Projekt umgesetzt, was bedeutete, dass sich David nun auf die Aufnahmen für ein komplettes Album vorbereiten musste. Für die Debüt-CD wurde Claudio Abbado als Dirigent verpflichtet – ein Star unter den Kapellmeistern.

Der damals 60-Jährige Claudio Abbado blickte bereits auf eine lange, glänzende Karriere zurück. 1963 verbrachte er eine Assistenzzeit bei dem legendären Dirigenten und Komponisten Leonard Bernstein, anschließend arbeitete er unter anderem als Chefdirigent beim London Symphony Orchestra und an der Mailänder Scala. Im Oktober 1989 wurde er zur Überraschung vieler von den Berliner Philharmonikern zum Nachfolger des herausragenden Herbert von Karajan gewählt. Wie viele Episoden in Abbados Leben war auch die Zeit in Berlin von Spannungen gekennzeichnet, da sein sehr offenes Musikverständnis im Kontrast zum autoritären Stil Karajans stand.

So offen Abbados Musikverständnis auch gewesen sein mag, dem Jungen, mit dem er nun nach dem Willen der Plattenfirma ein Konzert von Mozart aufnehmen sollte, begegnete der Orchesterleiter nicht vorurteilsfrei. Schließlich wollte der Dirigent von Weltruf keine Kompromisse eingehen, nur weil sich die PR-Abteilung des Unternehmens von einem talentierten Nachwuchsgeiger einiges versprach.

Am Ende konnte David aber auch in dieser Situation überzeugen, indem er vor den Aufnahmen im Jahr 1994 gemeinsam mit Claudio Abbado und dem Chamber Orchestra of Europe eine erfolgreiche Italien-Tournee bestritt. Direkt im Anschluss begannen die Studioarbeiten. Tatsächlich wurden gleich zwei CDs eingespielt. Bei der ersten Produktion arbeitete David Garrett mit dem Pianisten Alexander Markovich zusammen. Dieser war deutlich älter als David, besaß aber eine vergleichbare Lebensgeschichte. Der 1964 geborene Markovich begann seine musikalische Ausbildung im Alter von sechs Jahren am renommierten Gnessin-Institut in Moskau, gewann mit 13 den Prager Rundfunk-Jugend-Wettbewerb und studierte anschließend in Moskau Klavier und Dirigieren.

David Garret und Alexander Markovich spielten zusammen die Partita für Violine solo Nr. 2 d-moll BWV 1004 von Johann Sebastian Bach, das Adagio für Violine und Klavier KV 261 von Mozart und die Violinsonate Nr. 5 in F-Dur, op. 24 von Beethoven ein. Beethovens Komposition ist auch als *Frühlingssonate* bekannt – eine Bezeichnung, die später entstand und wie bei vielen klassischen Werken den Charakter der Musik beziehungsweise die Stimmung, die sie transportiert, beschreibt.

Nur kurze Zeit später kehrte David mit dem Orchester, das er bereits von der Italien-Tournee kannte, ins Studio zurück und nahm unter der Leitung von Claudio Abbado drei Werke von Mozart: Die beiden D-Dur-Konzerte für Violine und Orchester KV 271i und KV 218 sowie die Sonate für Klavier und Violine B-Dur KV 45.

Davids Management und seiner Familie waren zwei CD-Aufnahmen noch lange nicht genug. Die Weltkarriere wurde nun noch intensiver in Angriff genommen. Statt dem Jungen in Aachen ein wenig Ruhe zu gönnen, stand eine Reise in die USA auf dem Programm. David spielte mit den Los Angeles Philharmonics und fuhr dann in die Schweiz, um beim renommierten Verbier Festival aufzutreten.

Vor allem aber war das Jahr gekennzeichnet von Davids erster Begegnung mit Isaac Stern, der zu den bedeutendsten Violinisten des 20. Jahrhunderts und zu den gefragtesten Musikern in aller Welt zählte. Stern war von David so angetan, dass er mit ihm arbeitete. Für David hat die Anerkennung durch den berühmten Musiker bis heute zentralen Stellenwert. Immer wenn seine erfolgreiche Mischung aus klassischer und populärer Musik kritisiert wird, verweist er auf Stern. Die Tatsache, dass dieser sein Violinspiel in den höchsten Tönen gelobt habe, sei ihm mehr wert als alles andere. Außerdem habe ihm Stern viel von seinem Wissen mit auf den Weg gegeben. Er habe ihm erklärt, dass Musik zwar von Emotionen lebe, dass jedoch erst der bewusste Umgang damit und das Wissen über das Wesen der Musik das Können eines Musikers auf eine höhere Stufe heben würden. Im Grunde waren Sterns Lehren also eine Erweiterung dessen, was Ida Haendel Garrett bereits vermittelt hatte.

David Garrett hatte zu dieser Zeit mehr erlebt als die meisten anderen Kinder. Er wurde gedrillt, wurde so intensiv geschult wie kaum ein anderer, er hatte bereits unzählige Konzerte gegeben und einige Größen der Musikwelt kennengelernt. 1995 sollte nun das Jahr des endgültigen Durchbruchs werden.

In diesem Jahr wurden die beiden CDs fast zeitgleich auf den Markt gebracht. Zuerst brachte die Deutsche Grammophon die Gemeinschaftsarbeit von David Garrett und Alexander Markovich heraus, drei Wochen später wurde die Aufnahme mit Abbado veröffentlicht. Dass David 1995 mit einem Auftritt in der Pariser Salle Pleyel auch noch sein Konzertdebüt in Frankreich feierte, ging bei aller Umtriebigkeit fast unter.

Die Reaktionen auf die CDs waren überwältigend. Kritiker und Publikum zeigten sich begeistert und waren zum Teil fassungslos, dass ein so junger Musiker eine solch erwachsene Arbeit abliefern konnte. Wäre der pubertierende Jüngling nicht eindeutig auf dem CD-Cover zu erkennen gewesen, hätte man angenommen, dass auf den Aufnahmen ein um Jahrzehnte älterer Virtuose zu hören war.

Apropos Pubertät: David war in jenen Jahren ein so viel beschäftigter Musiker, dass er bis heute nichts mit diesem Begriff anfangen kann. Er habe diese Phase emotional wohl anders durchlebt als andere Jugendliche, gibt Garrett in Interviews an, wenn er zu diesem Thema befragt wird. Mehr noch: David Garrett hält die Pubertät für reine Erfindung, für ein Phänomen, das dadurch entsteht, dass Eltern es ihren Kindern einreden. Seiner Meinung nach werden Kinder mit zunehmendem Alter schlichtweg anspruchsvoller, und da die Eltern mit den gestiegenen Ansprüchen nicht mehr zurechtkommen, suchen sie nach einer einfachen Erklärung, die sich nun allgemein als Konzept der Pubertät etabliert habe.

In der Realität gab es vermutlich andere Gründe für Davids Versäumnis dieser Lebensphase. Nach der Veröffentlichung der CDs tourte der Jugendliche durch die ganze Welt. Wo also hätte er sich als pubertierender, störrischer, sich gegen die Eltern auflehnender Junge präsentieren sollen? Etwa wenn er mit einem Orchester in den USA auf der Bühne stand? Oder wenn er mit gebildeten, profilierten Erwachsenen wie Ida

Haendel oder Isaac Stern kommunizierte? Im Leben des ständig reisenden und Geige spielenden Jungstars war kein Platz für Rebellion. Beinahe täglich stand er im Kontakt mit Respektspersonen und es prasselten immer wieder neue Eindrücke auf ihn ein, die es zu verarbeiten galt.

Welche Rolle hätte die Pubertät überhaupt für einen Jungen spielen sollen, der im Alter von 16 Jahren erneut einem herausragenden Menschen und Künstler begegnete? 1997 traf David Garrett in Wien Yehudi Menuhin, der wie Isaac Stern zu den größten Geigenvirtuosen seiner Zeit zählte.

Wieder einmal begegneten sich kein alter und kein junger Mensch, sondern zwei Musiker, die sich auf Augenhöhe miteinander unterhielten. Außerdem war auch Menuhin ein Beispiel dafür, dass ein früher Karrierebeginn, wie Garrett ihn gerade erlebte, im Kreis der großen Virtuosen nicht weiter ungewöhnlich war. Menuhin wurde 1916 in New York geboren. Der Vorname, den seine Eltern für ihn wählten, war Kennzeichen der Glaubensrichtung, der die Familie anhing: Yehudi bedeutet »der Jude/Judäer«.

Wie David wuchs Yehudi Menuhin mit zwei Geschwistern auf und auch Menuhin spielte seit frühester Kindheit Geige. 1925, im Alter von neun Jahren, gab er sein erstes Konzert, 1926 folgten weitere Auftritte. Wie David Garretts Eltern konzentrierten sich auch die Eltern Menuhins ganz auf das Talent des Sohnes: 1927 siedelte die Familie nach Paris um, weil sich die Eltern dort größere Aufmerksamkeit durch die musikalische Fachwelt versprachen. Seinen Durchbruch erlebte Menuhin im Alter von zwölf Jahren, als er in Berlin mit den Berliner Philharmonikern auftrat. Es folgten Konzerte in aller Welt und aus dem Wunderkind Menuhin wurde ein erfolgreicher erwachsener Musiker, der sich auch der Förderung junger Talente widmete.

Für David Garrett und Yehudi Menuhin blieb es nicht bei einem Gespräch. Vielmehr musizierten sie gemeinsam – eine ganze Woche lang beschäftigten sie sich mit dem Violinkonzert des britischen Komponisten Edward Elgar, der vor allem für patriotische Werke wie die *Pomp and Circumstance Marches* bekannt ist. Elgars Violinkonzert gilt als technisch besonders anspruchsvoll und ist mit rund einer Stunde Spieldauer eines der längsten überhaupt. David Garrett und Menuhin interpretierten die Komposition meisterhaft und die Aufführung im Wiener Musikverein wurde zu einem grandiosen Erfolg. Yehudi Menuhin erteilte David höchstes Lob: Sein Ausspruch, er halte David Garrett für den »größten Violinisten seiner Generation«, ist für David neben Isaac Sterns Anerkennung eine der größten Auszeichnungen, die er je erhielt.

Schicksalsjahre

Zu diesem Zeitpunkt konnte niemand ahnen, dass David eine der größten Krisen seines Lebens kurz bevorstand. Nach dem Erfolg der beiden Debut-Alben drängte die Deutsche Grammophon auf weitere Aufnahmen. Das Folgeprojekt sollte etwas ganz Besonderes werden, etwas, das David Garrett in noch strahlenderem Licht erscheinen ließ. Da Georg Paul Bongartz stets zur Stelle war, wenn es darum ging, seinen Sohn als einzigartiges Talent zu präsentieren, wird allgemeinhin auch in diesem Fall davon ausgegangen, dass er dem Label den Vorschlag machte, David solle die 24 Capricen für Violine von Paganini spielen.

Ein ambitionierteres Unterfangen ist kaum vorstellbar. Die von Paganini, einem der brillantesten Geigenvirtuosen der Geschichte, komponierten Capricen stellen eine der größten Herausforderungen dar, denen sich ein Violinist stellen kann. Paganini konzipierte die Stücke nicht mit Blick auf das Vergnügen der Zuhörer, sondern als Prüfstein für die Musiker. Paganini selbst war für sein außergewöhnliches und besonders kunstvolles Spiel berühmt. Entsprechend enthält jede der zum Teil weniger als zwei Minuten langen Capricen eine besondere technische Schwierigkeit, die ein Künstler meistern muss, wenn er das Stück interpretieren will. Nach der ersten Veröffentlichung der Werke sollen Jahre vergangen sein, bis die ersten Musiker alle 24 Capricen fehlerfrei spielen konnten.

Bei der Deutschen Grammophon wurde der Vorschlag begeistert aufgenommen. Mit dem Einspielen der Capricen würde das Ausnahmetalent sein Können perfekt beweisen. Doch die Annahme, dass David die Stücke beherrschte, war ein Trugschluss. Zu jener Zeit meisterte er gerade einmal drei der Capricen. Auch stand trotz der vielen Kontakte in der Musikwelt ausgerechnet jetzt kein Lehrer an seiner Seite, der ihn beim Einüben des Materials unterstützt hätte.

David blieben bis zu den Aufnahmen nur zwei Monate Zeit. Obwohl der Musiker bekanntlich die Existenz der Pubertätsphase ignoriert, dürfte in der Zeit der Vorbereitung auf dieses Projekt ein gewisses Maß an pubertärer Dickköpfigkeit durchaus eine Rolle gespielt haben. Schließlich war David längst kein Kind mehr, sondern bereits 16 Jahre alt. Er agierte also nicht mehr allein fremdgesteuert, sondern war sich seines Ruhmes und seines Stellenwertes in der Welt der Musik durchaus bewusst.

Im Rückblick auf seine Karriere erzählt Garrett häufig, dass er im Alter von 15 bis 16 Jahren immer stärker das Gefühl der Verantwortung empfand. Ihm war bewusst, dass sein Geigenspiel und seine Auftritte für die Beschäftigung einer ganzen Reihe von Menschen sorgten. »Wenn du 16 bist und ein Bewusstsein für all das entwickelst, sitzen Ziegelsteine auf deinen Schultern«, erzählte David einmal der Zeitschrift *stern.* »Du bist als Künstler für alle verantwortlich, die Eltern, das Publikum, Manager, Plattenfirma und dafür, dass der Dirigent zufrieden ist.« Als Kind, so Garrett, sei ihm das egal gewesen, doch diese Leichtigkeit sei ab einem Alter von etwa 14 Jahren zunehmend verdrängt worden.

Außerdem hatte David inzwischen ein starkes Konkurrenzbewusstsein entwickelt. Nach seiner Überzeugung konnte er es sich nicht leisten, an den Capricen zu scheitern, um dann zu erleben, dass ein anderes Ausnahmetalent der Welt demonstrierte, dass sich diese Aufgabe mit Bravour bewältigen ließ. Da David bisher alle Herausforderungen gemeistert hatte, schreckte er auch vor dieser Hürde nicht zurück.

Also sagte David niemandem, dass er nur einen Bruchteil des Materials beherrschte, sondern nahm die Herausforderung an. Auch wenn ihm zu diesem Zeitpunkt noch nicht wirklich bewusst war, welche Anstrengungen vor ihm lagen.

David war zwar an tägliches und stundenlanges Üben gewöhnt, doch nun überspannte er im sprichwörtlichen Sinne den Bogen. Im Grunde spielte er in den Wochen nach der Entscheidung für die Aufnahmen Tag und Nacht ausschließlich Paganinis Capricen hoch und runter. Tatsächlich wurde er immer besser und beherrschte bald den größten Teil der Stücke. Doch zum ersten Mal in seinem Leben stieß David an seine körperlichen Grenzen – und ließ diese Grenzen unbeachtet hinter sich.

Der Rücken schmerzte, die Schultern taten weh. Und schließlich erlitt er, wie es sonst überwiegend von deutlich älteren Menschen bekannt ist, im Alter von 16 Jahren einen Bandscheibenvorfall. Diese Erkrankung tritt zuweilen ohne erkennbaren Anlass auf, oft sind die Bandscheiben jedoch bereits vorgeschädigt. Bei David fanden sich gleich mehrere Auslöser. Zwar hatte ihm sein Vater schon in frühester Kindheit die richtige Körperhaltung eingeimpft, doch die für einen Vierjährigen passende Position entwickelte sich im Laufe des Wachstums zu einer Fehlhaltung. Hinzu kam, dass David seine Muskeln und Knochen immer wieder Extrembelastungen aussetzte.

Bald litt er unter fast allen Symptomen, die ein Bandscheibenvorfall haben kann. Diese Erkrankung beinhaltet nicht nur starke Schmerzen im Bereich des Rückens, eingeklemmte Nerven können auch zu Taubheitsgefühlen und im Extremfall sogar zu Lähmungserscheinungen in den Armen führen. Ein Horrorszenario für einen Geiger. Bei David waren vor allem die Hände betroffen: Seine Finger schmerzten ständig.

Doch auch diesmal gab es niemanden, der intervenierte und David vom exzessiven Üben abhielt. Also machte David weiter und ignorierte die Schmerzen so gut es ging. Seiner Auffassung nach hatte er sich die Probleme selbst eingebrockt, da er niemanden von seiner mangelhaften Beherrschung der Capricen unterrichtet hatte. Ein Gutes hatte diese Zeit immerhin: David Garrett wurde zum ersten Mal bewusst, dass es auch für ihn Grenzen gab.

Trotz aller körperlichen Einschränkungen meisterte David auch die Capricen. Gemeinsam mit dem Pianisten Bruno Canino spielte er alle 24 Stücke fehlerfrei ein. Die CD wurde im April 1997 veröffentlicht und von der Kritik mit der mittlerweile schon gewohnten Begeisterung aufgenommen.

Die gesundheitlichen Probleme verschwanden mit dem Ende der Aufnahmesession jedoch nicht. David konnte weiterhin nur unter großen Schmerzen in der Schulter und in den Händen Geige spielen, vor allem in der linken Hand erreichte diese Belastung bald die Grenzen des Erträglichen. Trotzdem behielt der Junge seine Probleme für sich. Er kapitulierte erneut vor der Erwartungshaltung anderer und dachte an die Verantwortung, die auf ihm lastete. Also absolvierte er alle Termine und tourte einmal mehr durch die Welt.

Erst viel später wurden die Probleme behandelt und vorübergehend beseitigt. Die Dauerbelastung des Körpers zeigt dennoch bis heute immer wieder Folgen. Auch der erwachsene David Garrett leidet zeitweise unter Schmerzen – bekannt wurde zum Beispiel eine schwere Entzündung im rechten Schulterblatt. Die körperlichen Einschränkungen waren und sind für David Garrett nicht allein wegen der Symptome belastend, sondern auch, weil es sich dabei um etwas handelt, was sich seiner Kontrolle entzieht. Eine US-Tournee konnte David nur absolvieren, weil ihn der deutsche Sportmediziner Hans-Wilhelm Müller-Wohlfahrt mit schmerzstillenden Spritzen behandelte. Die Beschwerden würden erst dann endgültig verschwinden, wenn David Garrett sich über mehrere Wochen absolute Ruhe gönnen würde. Doch das liegt ihm nicht – damals wie heute.

Das Jahr 1997 führte David nach der Veröffentlichung der Capricen nach Asien. Indien feierte den 50. Jahrestag seiner Unabhängigkeit nach dem Ende der britischen Kolonialherrschaft und wie viele andere Länder beteiligte sich auch Deutschland an den Feierlichkeiten. David Garrett lieferte zusammen mit den Münchner Philharmonikern unter Leitung des Dirigenten Zubin Mehta einen kulturellen Beitrag.

Für David sollte es die nächste Begegnung mit einer gefeierten Person der Musikwelt werden. Zubin Mehta stammte aus Indien. Er wurde 1936 in Bombay, der heutigen Millionenmetropole Mumbai, geboren und wuchs als Kind vermögender Eltern auf. Auch Mehta erlebte den für den Bereich der klassischen Musik typischen Werdegang eines früh von den Eltern an Instrumente herangeführten Talents. Im Alter von sieben Jahren erhielt er Geigen- und Klavierunterricht und wurde mit den Kompositionen aus dem fernen Europa vertraut gemacht.

Auch hier gab es einen Vater, der forderte und förderte. Zubin Mehtas Vater Mehli Mehta war ein anerkannter Geigenvirtuose, der 1935 das Symphonieorchester der Stadt Bombay gegründet hatte. Er unterrichtete seinen Sohn selbst und schon im Alter von 16 Jahren dirigierte dieser das von seinem Vater initiierte Orchester seiner Heimatstadt. Später arbeitete Zubin Mehta in Europa und in den USA, wo er unter anderem Musikdirektor des Los Angeles Philharmonics tätig war.

1997 reiste Mehta nun also mit den Münchner Philharmonikern und David Garrett zurück in seine Heimat, wo Konzerte in Mumbai und Delhi auf dem Programm standen. Mehta reihte sich nach dieser Zusammenarbeit in die Schar der aufrichtigen Bewunderer von David Garretts Violinkünsten ein. Für David blieb es in diesem Jahr jedoch nicht bei dem Aufenthalt in Indien, er gab darüber hinaus Konzerte in Israel und Russland sowie in Südamerika. Auch Japan bereiste er zum ersten Mal.

Auf den ersten Blick erscheint das Jahr 1997 also als eine Etappe, die Davids Weltkarriere zementieren. Aber es wurde vor allem ein Jahr, das viele Veränderungen mit sich brachte. Unter Schmerzen gab David so viele Konzerte wie nie zuvor, er trat rund 90 Mal in den verschiedensten Ländern der Welt vor ein begeistertes Publikum. Zurück in seiner Heimatstadt Aachen sollte David jedoch mit etwas konfrontiert werden, das er nicht kannte: mit dem Alltag eines Jugendlichen.

Kontakt zur Normalität

Seit mittlerweile zehn Jahren wurde das Leben von David Garrett von der Geige und der Musik bestimmt, es war ganz auf seine Karriere ausgerichtet. Die Dinge, die andere Kinder und Jugendliche in diesen Lebensabschnitten erlebten, waren David fremd.

Doch der allumfassende Einfluss von Vater und Mutter fand 1997 ein Ende. Der Privatunterricht, den David bis zu diesem Zeitpunkt erhalten hatte, musste aufgegeben werden. Die Abiturprüfungen rückten näher und um dabei eine Chance auf Erfolg zu haben, musste David nun wieder eine reguläre Schule in Aachen besuchen.

Die Verpflichtung, Konzerte rund um den Globus zu geben und zusätzlich in der Heimat die Schulbank zu drücken, stellte für David eine enorme Belastung dar. Gleichzeitig war der Schulbesuch auch eine psychische Herausforderung. David musste sich an für ihn völlig ungewohnte Abläufe anpassen und sah sich mit Gleichaltrigen konfrontiert, die mit den Dingen, die sein Leben ausmachten, nichts anfangen konnten. Unter den Mitschülern gab es niemanden, der von seiner Beherrschung der Geige begeistert war, niemanden, mit dem er über Beethoven und Mozart oder Paganinis Capricen sprechen konnte.

Das an ihm allerorts entgegengebrachte Bewunderung gewöhnte Ausnahmetalent stand auf verlorenem Posten. Nach all den Jahren, in denen David stets im Mittelpunkt gestanden hatte, war er nun der große Außenseiter. Auch das einzige Hobby, das er jenseits der Musik pflegte, war kaum dazu geeignet, Freundschaften zu knüpfen. David stöberte in den Metropolen der Welt, in denen er gastierte, nicht etwa nach ausgefallenen Klamotten – er sammelte Münzen. Dieses Interesse scheint zwar auch heute noch beim Anblick des erwachsenen David Garrett befremdlich, es fügt sich jedoch perfekt in den Lebensweg des kleinen Wundergeigers ein. Das Sammeln von Münzen war eine Leidenschaft von Erwachsenen – von deutlich älteren Erwachsenen. Und genau das war das Umfeld, in dem sich der junge David bewegte.

Wie David auf seine Mitschüler wirkte, kann sich vermutlich jeder anhand der Erinnerung an die eigene Schulzeit vorstellen: Da kam plötzlich dieser Typ in die Klasse, der immer noch Kleidung trug, die seine Eltern für ihn aussuchten. Er trug die Haare halblang mit Mittelscheitel, was in den 1990er-Jahren schon lange nicht mehr Mode war. Außer der klassischen Musik und dem Münzensammeln hatte er keine Interessen, über die er sprechen konnte.

Nur langsam wuchs David in das für ihn so fremde Klassengeschehen hinein. Immerhin entstanden nach einer Weile erste Kontakte zu den Mitschülern – und damit auch Kontakte zu den unzähligen Dingen und Facetten des Lebens, die David bis dahin bestenfalls vom Hörensagen kannte.

Die Kontaktaufnahme zu den Mitschülern wurde auch durch eine Entwicklung in der Musik befördert. 1997 erreichte das von der englischen Sopranistin Sarah Brightman und dem italienischen Tenor Andrea Bocelli gesungene Duett *Time to Say Goodbye* europaweit Spitzenplätze in den Charts. Hatte eine Verschmelzung von populärer Musik und Klassik bisher selten Aufmerksamkeit erzielt, bot der Erfolg dieses Liedes nun gerade zum richtigen Zeitpunkt ein Thema, über das sich die von Rock und Hip-Hop geprägten Schüler in Aachen mit dem seltsamen Neuzugang austauschen konnten.

Nicht zufällig mutet deshalb auch ein Geburtstagsgeschenk an, das David von einem Schulkameraden bekam: Eine CD, und zwar »A night at the Opera« von Queen. Das Album aus dem Jahr 1975 war Ende der 1990er-Jahre bereits ein Klassiker und eines der ungewöhnlichsten Werke der Pop- oder Rockmusik. Vor allem die fast sechs Minuten lange *Bohemian Rhapsody* wurde zum Welthit, der das Image der Band entscheidend prägen sollte. Komponist des Stückes war der Leadsänger der Gruppe, Freddie Mercury, ein Rockstar, der auch eine große Leidenschaft für die Oper und die klassische Musik im Allgemeinen hegte.

Dass auf dem Rockalbum mit *Bohemian Rhapsody* ein Stück enthalten war, das Elemente der klassischen Musik aufgriff, war an sich schon außergewöhnlich. Bemerkenswert war aber auch der Aufwand, mit dem dieser Titel produziert wurde. Die intensive Arbeit, die in das Stück floss, ließ es weit von der üblicherweise mit Pop- und Rockmusik assoziierten Spontaneität und Leichtigkeit abrücken. Tatsächlich gilt *Bohemian Rhapsody* hinsichtlich der Produktionskosten als teuerster Titel seiner Zeit. In insgesamt fünf Tonstudios wurde gearbeitet, allein für den Opernteil waren drei Wochen Aufnahmezeit notwendig, da in *Bohemian Rhapsody* erstmals eine Partitur in großem Umfang in einen zeitgemäßen Rocksong eingearbeitet wurde.

Für David Garrett war das Album eine Art Erweckungserlebnis. Vor allem *Bohemian Rhapsody* eröffnete ihm eine musikalische Welt, von deren Existenz er bisher nichts gewusst hatte. Nach und nach erhielt er durch seine Schulkameraden und weitere neue Kontakte Einblicke in die moderne Musik, die bis dato aus seinem Leben ausgegrenzt gewesen war. Er war beeindruckt von der Verwendung klassischer Elemente in weiteren Charthits und lernte auch die Virtuosität schätzen, die sich hinter der lauten Fassade eines Heavy-Metal-Albums verbergen konnte. David Garret sprach noch nicht vom Konzept des Crossover, doch der Grundstein für die später von ihm selbst vertretene Mischung der Musikstile war gelegt.

Obwohl sich die zwischenmenschlichen Kontakte vertieften – auch seinen ersten Kuss erlebte David in dieser Zeit – lebte der junge Musiker in Aachen in einer fremden Welt. Als Garrett Jahre später in einem Interview nach seinem Lieblingsplatz in seiner Heimatstadt gefragt wurde, fiel es ihm schwer, einen Ort zu benennen, so wenig kannte er von der Stadt. Allein der Aachener Wald kam ihm in den Sinn, da er dort zuweilen joggen ging.

Das einzige Erlebnis in seiner Aachener Zeit, von dem er immer wieder gerne berichtet, trug sich kurz nach seiner Rückkehr an die Schule zu. Als 17-Jähriger wollte David zusammen mit Bekannten die ihm völlig fremde Welt der Diskothek erkunden. Jedoch wurde er wegen einer nicht genauer definierten Lappalie vom Türsteher hinausgeworfen. Dieser Türsteher wurde Jahre später Davids Tourmanager und musste dem Star nun die Koffer tragen und sich um das Wohlergehen des Stars kümmern. Allerdings hegten die beiden wegen des einstigen Rauswurfs, an den sie sich gut erinnern konnten, keinen Groll mehr, sondern lachten darüber.

Die Spur normalen Alltags, die sich in Davids Leben im Vorfeld der Abiturprüfungen wiederfand, veranlasste ihn dazu, in sich zu gehen und über sein Leben nachzudenken. Garrett erinnert sich heute daran, dass es zuvor schon Momente gegeben hatte, in denen er die Geige am liebsten weggeworfen hätte, da ihm die damit verbundenen Belastungen zu groß wurden. Doch die Anforderungen von außen, sein Verantwortungsgefühl und sein Ehrgeiz hatten ihn immer wieder dazu veranlasst, weiterzumachen. Er sei zwar abends manchmal mit dem Gedanken, er wolle »den Scheiß nicht mehr machen«, zu Bett gegangen – etwa wenn sein großer Bruder wieder einmal zu einer Party aufbrach und er selbst zu Hause bleiben musste, um zu üben, oder wenn Alexander einen Skiurlaub plante, der für ihn aufgrund der Verletzungsgefahr untersagt war –, doch sei er stets am nächsten Morgen mit dem sicheren Gefühl aufgestanden, dass er weiterhin Geige spielen wollte.

Doch nun war es anders. David machte sich die Gedanken, für die all die Jahre kein Platz gewesen war. Was wollte er wirklich? Wie sahen seine Wünsche und Vorstellungen aus? Was hatte sein Leben ihm bisher gebracht?

Bisher waren seine Handlungen fremdbestimmt und in einen streng geregelten Tagesablauf gepresst gewesen. Von seinen neuen gleichaltrigen Bekannten lernte er nun, dass es auch eine Lebensweise gab, in der Freiheit ein wesentlicher Faktor war. Von einem Moment auf den anderen stand David zwischen zwei Stühlen. Zwar übte er immer noch täglich Geige, doch innerlich entfernte er sich immer weiter von dem Instrument. Den Schritt auf die andere Seite, zum Laisser-faire der Jugend, wagte er in diesem Moment aber noch nicht.

Vieles ging ihm in jenen Tagen durch den Kopf, auch das Thema Geld beschäftigte ihn. In den vergangenen Jahren war er zum Großverdiener aufgestiegen, noch vor dem Erreichen der Volljährigkeit spielte er jährlich Gagen von 100 000 bis 200 000 D-Mark ein. Von einem bequemen finanziellen Polster, das ihm gehörte, konnte dennoch nicht die Rede sein.

Für David lautete nun die zentrale Frage: Wollte er überhaupt so weitermachen? Wollte er den Sprung vom Wunderkind zum erwachsenen Star vollziehen, dessen Leben weiterhin von anstrengenden Übungsstunden und Konzertreisen in alle Welt bestimmt war?

Die Zweifel wuchsen zu einer handfesten Krise heran, da er auf diese Fragen keine befriedigenden Antworten fand. Vermutlich auch, weil er mit diesen Problemen auf sich allein gestellt war. Von seinen neuen Freunden konnte David keine zufriedenstellenden Antworten erwarten. Es gab unter ihnen niemanden, der sich in seine Situation hineinversetzen konnte, der auch nur annähernd Ähnliches erlebt hatte.

David tat nun zunächst einmal das, was getan werden musste. Er legte am Aachener Einhard-Gymnasium die Abiturprüfung ab und bestand mit der Durchschnittsnote 2,6. Danach wurden die Fragen jedoch immer drängender, bald würde sich David festlegen müssen.

Doch die Zweifel schwelten, außerdem war die Lust am Geigespielen durch die seit dem Bandscheibenvorfall andauernden Schmerzen deutlich getrübt. Also tat David zum ersten Mal in seinem Leben das, was bisher andere für ihn übernommen hatten: Er traf eine Entscheidung.

Auf der Flucht

David wollte eine Pause, eine Auszeit. Er wollte sein von Konzerten und Pflichten geprägtes Leben vorerst nicht fortsetzen, sondern studieren. Nicht irgendetwas, sondern natürlich Musik. Und das am besten an einem Ort, der so weit wie möglich von seiner Heimat und seinen Eltern entfernt lag.

Davids Bruder Alexander war der Enge des Elternhauses mittlerweile entflohen und studierte an der Harvard University in Cambridge Jura. David wollte ihm folgen, wenngleich nicht nach Harvard, so doch in die USA. Er wollte in New York studieren.

Als David diesen Plan seinen Eltern vortrug, stieß er auf eine Mauer der Ablehnung. Davids Wunsch beinhaltete viele Aspekte, die Mutter und Vater nicht verstanden. Warum wollte er ins Ausland? Schließlich gab es doch im Hause Bongartz alles, was er benötigte. Von hier aus wurde seine Karriere perfekt gesteuert, die räumliche Distanz würde alles nur erschweren. Warum wollte der Junge überhaupt Musik studieren? David wusste doch alles über Musik. Seine Fähigkeiten waren jenen eines Universitätsdozenten sicher haushoch überlegen.

Davids Eltern hatten über all die Jahre in ihrem Engagement für den Musiker David Garrett weitgehend das Gespür dafür verloren, was für ein Mensch ihr Sohn war. Ihre Kritikfähigkeit im Hinblick auf das eigene Tun war äußerst begrenzt. Dove-Marie und Georg Paul Bongartz konnten es nicht nachvollziehen, dass David Distanz zu ihnen suchte, ja sie sogar dringend benötigte, um sich menschlich und musikalisch weiterzuentwickeln.

Auch David selbst konnte die jahrelange Prägung durch den Drill seiner Eltern und vor allem natürlich seitens des Vaters nicht sofort abschütteln. Als sein vehement vorgetragener Wunsch, nach New York zu gehen, sich nicht durchsetzen ließ, gab er nach. Immerhin gelangten die beiden Parteien nach einiger Diskussion zu einem Kompromiss: Wenn David unbedingt Musik studieren wollte, dann sollte er es tun. Aber nicht Tausende Meilen entfernt auf der anderen Seite des Atlantiks. Auch in geringerer Distanz gab es namhafte Institute. Wenn es schon nicht Deutschland sein sollte, dann eben Großbritannien. London war David ja spätestens seit seinen Besuchen bei Ida Haendel bestens bekannt und das in der britischen Metropole ansässige Royal College of Music genoss einen hervorragenden Ruf. Ein Aufenthalt in London würde es zudem erlauben, dass David für die noch anstehenden Konzerte und die geplanten CD-Aufnahmen verfügbar war.

Obwohl London nicht so weit von seiner Heimat entfernt lag, wie er es sich gewünscht hatte, willigte David ein. Immerhin würde auch ein Studium in London über längere Zeit die räumliche und emotionale Distanz schaffen, die ihm notwendig schien. Nur das Loslösen aus dem Vertrauten würde ihm innerlich die Möglichkeit geben, das zu entdecken, was er so schmerzlich vermisste: die Freude am eigenen und vor allem an einem selbstbestimmten Leben.

David ging es darum, seine eigene Wahrheit herauszufinden. Seit seiner Kindheit war ihm eingeimpft worden, dass die Geige seine Bestimmung sei. Diese Botschaft war ihm so oft vermittelt worden, dass er nicht mehr beurteilen konnte, ob er diese Bestimmung wirklich selbst empfand oder ob sie sich einfach nur durch den ständigen Einfluss von außen in ihm festgesetzt hatte. David Garrett wollte sich selbst auf den Prüfstein stellen, nachspüren, ob und wie sehr er die Geige vermissen würde und wie wichtig ihm sein Talent wirklich war. Vielleicht würde er in London ja eine andere Bestimmung für sich entdecken und einen neuen Lebensweg, der ihm viel mehr zusagte, finden.

Natürlich wollte David auch wirklich studieren und sein Wissen über die Musik erweitern. Nach seiner Ankunft in London sollte sich die Realität jedoch anders gestalten. Weder sein Studium noch seine Absicht, sich über seinen weiteren Weg klar zu werden, bestimmten seinen Alltag. Das Royal College of Music begann ihn schnell zu langweilen, da er dort tatsächlich mit seinem langjährigen Wissen vollkommen unterfordert war. Er nahm nur sporadisch an den Vorlesungen teil und bewarb sich sogar an anderen Universitäten, an denen er nun ganz andere Fachrichtungen kennenlernen wollte. Doch auch diese Pläne blieben im Anfangsstadium stecken.

Stattdessen tat David etwas, das ihm bisher völlig fremd gewesen war. Er lebte in den Tag hinein, traf sich mit Altersgenossen und ging all jenen Beschäftigungen nach, die junge Menschen eben tun, wenn sie frei von Verpflichtungen sind. David besuchte mit seinen Freunden angesagte Klubs, traf sich mit Frauen und genoss sein Leben, soweit ihm das bei seinen noch andauernden körperlichen Beschwerden möglich war. Nicht mehr die Klassik bestimmte seinen musikalischen Alltag, er hörte House und Hip-Hop. Allerdings wird auch vom Kontakt mit szenetypischen Drogen und von reichlichem Alkoholgenuss erzählt.

Natürlich hatte David seine Geige auch in London dabei, aber sie war nicht mehr seine ständige Begleiterin. Vielmehr musste David sich nun, da ihn keiner mehr antrieb, immer wieder dazu überwinden, überhaupt noch Übungsstunden einzulegen. Wenn er es tat, dann nur aus dem Grund, dass sich sein Pflichtbewusstsein so schnell nicht abschütteln ließ. David hatte immer noch einzelne Konzerte zu absolvieren und es war für ihn undenkbar, mit einem wenig meisterhaften Vortrag auf der Bühne zu stehen, statt wie gewohnt das Publikum zu begeistern.

Erstmals erlebte David in London auch, dass nicht alle Menschen auf die Notwendigkeiten im Leben eines Geigenvirtuosen Rücksicht nahmen. Wenn sich David in seiner kleinen Wohnung zu einer Übungseinheit entschloss, konnte er nicht mehr auf Ungestörtheit wie in dem abgeschotteten Anwesen der Familie vertrauen. Stattdessen erklärten ihm Nachbarn deutlich, dass ihnen das stundenlange Gefiedel auf die Nerven ging.

Also musste David nach einem anderen Übungsraum suchen – in einer so großen und ihm größtenteils fremden Stadt kein leichtes Unterfangen. Seine Wahl fiel ausgerechnet auf jenen Ort, an dem er bisher wenig durch Können geglänzt hatte. David marschierte mit seiner Geige zum Royal College of Music und begann dort zu spielen. Am College hielt man jedoch wenig von Studenten, die sich auf eigene Faust Zugang zu den Räumlichkeiten verschafften und diese nach eigenem Ermessen nutzten, ohne auch nur einmal um Erlaubnis zu bitten – vor allem wenn diese Studenten der Hochschulleitung bisher nur dadurch aufgefallen waren, dass man sie selten zu Gesicht bekam.

Davids plötzlicher Eifer an der Geige stieß bei dem College auf wenig Gegenliebe. Stattdessen sprach man mit ihm in einer Art, die der erfolgsverwöhnte Jungstar bisher nicht kannte: Man sagte ihm ohne große Umschweife, dass es vermutlich für alle Beteiligten besser sei, wenn er sein Studium abbräche.

David war zu jener Zeit, schonend ausgedrückt, etwas aus dem Gleichgewicht geraten. Ihm war einerseits bewusst geworden, dass er das Leben, das er in seiner Kindheit und Jungend geführt hatte, nicht fortsetzen wollte – von dem Druck, der beständig auf ihn ausgeübt worden war, wollte er sich auch für die Zukunft befreien. Andererseits fehlte ihm noch die Alternative, der Plan für seinen weiteren Weg.

Der Ausweg aus dieser von Unsicherheit und Chaos geprägten Phase stellte sich schneller ein als vermutet. Er erfolgte auf äußerst grausame Weise. David, der so lange ohne Freunde gelebt und nun in London endlich Anschluss gefunden hatte, verlor einen seiner engsten Bekannten. Er erlebte mit, wie ein Freund infolge einer Überdosis einen Kreislaufkollaps erlitt und starb.

Gerade erst aus dem für ihn erbauten Goldenen Käfig entflohen, wurde David nun mit der Endlichkeit des Lebens konfrontiert. Dieser Schock warf ihn fast aus der Bahn. War das der Preis der Freiheit? Würde ihn ein ähnliches Schicksal ereilen, wenn er einfach weitermachte und das Leben in vollen Zügen genoss?

So schrecklich dieses Erlebnis auch war, für David bedeutete es vermutlich die Rettung – jedenfalls in Hinblick auf seine Karriere. Zwar ist nicht unbedingt davon auszugehen, dass die Fortsetzung der Lebensweise, die er in London pflegte, auch für ihn lebensbedrohliche Konsequenzen gehabt hätte, der Weg zurück zur Musik wäre ihm jedoch vermutlich versperrt gewesen, hätte er sich doch dann vielleicht zu weit von ihr und von seinen Fähigkeiten entfernt.

Nach dem Tod seines Freundes wurde David klar, was er bisher nicht erkannt hatte. Er wusste nun tatsächlich, was er wollte und wie sein zukünftiger Lebensweg aussehen sollte. Er wollte Musik machen, er wollte Geige spielen. Aber wollte dies nicht mehr in der Weise tun, wie andere es von ihm verlangten. David sehnte sich nach der großen Bühne, nach der Anerkennung und nach dem Beifall des Publikums. Aber er sehnte sich nicht nach zu Hause und schon gar nicht nach den Menschen, die ihm ständig sagten, was er zu tun und zu lassen habe.

Damit war schon mal klar, welchen Weg er von London aus nicht einschlagen wollte: Auf keinen Fall sollte es zurückgehen nach Aachen.

Plötzlich war er wieder da, der Plan, den er doch eigentlich ohnehin schmiedete. Der Plan, den er sich von seinen Eltern ausreden ließ, da er damals noch in dem Automatismus gefangen war, es Vater und Mutter recht machen zu wollen. Durch die Distanz lastete dieser Druck längst nicht mehr so schwer auf ihm.

Der Wunsch, nach New York zu gehen, war nie wirklich aus seinem Kopf verschwunden. In London erkannte David nun, dass er Entscheidungen auch ohne die Zustimmung seiner Eltern treffen konnte. Also wagte er den wohl ersten unabhängigen Schritt in seinem Leben. Für den 19-Jährigen stand fest, dass er nach New York gehen musste, nicht nur, um die Stadt zu erleben, sondern auch, um an der renommierten Juilliard School zu studieren.

Auf die Entscheidung folgte die Planung. Dabei kam David der Zufall zu Hilfe. Unter den vielen namhaften Musikern, die er von seiner Zeit auf den Bühnen der Welt kannte, war nun vor allem ein Kontakt für ihn von Bedeutung. David Garrett schrieb eine E-Mail an Itzhak Perlman, dem er im Alter von zehn Jahren vorgespielt hatte. Perlman machte David gegenüber einst eine Äußerung, die dieser nie vergessen sollte, weil sie sich gänzlich von der Art und Weise unterschied, in der Menschen üblicherweise mit ihm sprachen. Statt ihn nur für sein Geigenspiel zu loben oder von ihm noch intensivere Übungsstunden zu fordern, hatte Perlman dem jungen David einfach gesagt, dass dieser sich melden solle, wenn er einmal Rat suche.

Nun war Rat dringend notwendig: Obwohl David mittlerweile allein in London lebte, war er mit Alltagsbelangen noch nicht so weit vertraut, dass er genau wusste, wie er nach New York kommen und einen Platz an der Juilliard School ergattern sollte. Dass David genau zu diesem Zeitpunkt mit Perlman in Verbindung trat, war eine glückliche Fügung. Perlman selbst hatte gerade eine Stelle an der Juilliard School angenommen und bildete dort Studenten aus. Er ließ David wissen, dass dieser einfach nach New York reisen und sich an dem Konservatorium bewerben sollte. Eine Extrawurst gab es für das einstige Wunderkind allerdings nicht. David musste sich für die Aufnahme wie jeder andere potenzielle Student dem kompletten Prüfungsverfahren unterwerfen.

Das war David nur recht. Er hatte endgültig genug von der Sonderstellung, in die andere ihn hineinbugsiert hatten. Er wollte einfach nur er selbst sein, auch um zu erfahren, wie gut er wirklich war.

Doch der erste Schritt in ein selbstbestimmtes Leben begann mit einer Lüge. Da seine Eltern einem Aufenthalt in New York ablehnend gegenüberstanden, beschloss David, erst Fakten zu schaffen, bevor er sie von seiner Entscheidung in Kenntnis setzte. Dass bei diesem Zögern auch seine Versagensängste vor der entscheidenden Prüfung eine Rolle spielten, dürfte selbstverständlich sein.

Da von den in seiner bisherigen Karriere eingespielten Gagen kaum noch etwas übrig war, lebte David vor allem von der Unterstützung seiner Eltern. Seinen Flug in die USA konnte er deshalb schlecht verheimlichen. Doch es gab eine Ausrede, um den eigentlichen Grund für die Reise zu verschleiern. David sagte, dass er seinen Bruder Alexander besuchen wollte, der ja an der Harvard University in Cambridge studierte.

Ein verständlicher Wunsch, den auch die Eltern gut nachvollziehen konnten, und im Grunde sagte David damit auch nicht ganz die Unwahrheit. Er reiste tatsächlich zu einem Kurzbesuch in das nahe Boston gelegene Cambridge. Anschließend fuhr David jedoch mit dem Bus in das gut 300 Kilometer entfernte New York.

Diese Wegstrecke stellte in einem Land der großen Entfernungen wie den USA eigentlich kein Problem dar. Doch es war Winter und der Bus fuhr direkt in einen der schwersten Schneestürme des Jahres hinein. Das von David zur Sicherheit eingeplante Zeitpolster schwand zusehends, während sich der Bus durch die Schneemassen kämpfte. Als David dann tatsächlich die Metropole am Hudson River erreichte, sprang er in ein Taxi und traf nur fünf Minuten vor dem Beginn seiner Prüfung an der Juilliard School ein.

Manch anderer hätte in einer solchen Situation vermutlich einen Rückzieher gemacht und sich eingestanden, dass nach dem durchlittenen Stress ein Bestehen der Prüfung kaum möglich war. David dagegen nahm die Aufgabe in Angriff, da er darauf vertraute, dass der jahrelange Drill und die antrainierte Fähigkeit zu vollkommener Konzentration jenseits aller Belastungen ihn durch die Prüfung tragen würden. Er bestand den Test und war der Aufnahme in die Meisterklasse des Itzhak Perlman einen großen Schritt nähergekommen. Mehr noch: Die Sache war eigentlich schon vollkommen klar.

Nun galt es nur noch, den Eltern die Neuigkeiten beizubringen. Doch David musste die Botschaft gar nicht mehr selbst überbringen, da bald schon die schriftliche Aufnahmebestätigung im Briefkasten in Aachen lag.

Dove-Marie und Georg Paul Bongartz reagierten geschockt. Schließlich hatte man gemeinsam entschieden, dass New York als Aufenthaltsort nicht infrage kam. Außerdem hatte David ja bereits in London ein Studium begonnen und da erschien es doch unsinnig, in den USA noch einmal von vorne anzufangen – noch dazu mit einer Ausbildung, die die Eltern im Grunde nie für sinnvoll gehalten hatten.

Zunächst versuchten die Eltern, den aus dem Radar ihrer ständigen Kontrolle geratenen Sohn umzustimmen. Einmal mehr wiesen sie auf die Verpflichtungen hin, die vor ihm lagen, auf die Konzerte und die anstehenden Studioaufnahmen, für die ja überwiegend bereits unterschriebene Verträge vorlagen. Sie präsentierten David diese Verbindlichkeiten als ganz reale Zukunftsaussichten, die wesentlich gewinnbringender seien als irgendein Studium. David demonstrierte seinen Eltern jedoch, wie konsequent er sein konnte, wenn er sich einmal für ein Vorhaben entschieden hatte. Er blieb dabei: Sein Ziel war New York.

Die Entscheidung stand und er unterstrich das mit deutlichen Maßnahmen: David sagte alle geplanten Konzerte ab. Er musste nach New York, um endlich neu anzufangen und sein eigenes Leben zu beginnen.

Ihm war klar, dass er keine Alternative hatte, so schwer der Weg ohne jegliche Unterstützung auch sein würde. Er war sich bewusst, dass er ohne diesen Schritt in die Freiheit das Violinspiel aufgeben würde. Er musste die Geige, das Instrument elterlichen Zwangs, in etwas verwandeln, das ihm gehörte, das ihn selbst und seine Persönlichkeit widerspiegelte.

David Garrett, das Wunderkind, musste wieder David Christian Bongartz werden, der aus eigenen Stücken den Weg zurück zur Musik findet, um als neuer David Garrett wieder die Welt zu erobern.

Reise ins Ungewisse

Davids Entscheidung für New York und der Wunsch nach einem Neuanfang wirken einerseits verständlich, andererseits wirft seine Absicht, die Juilliard School zu besuchen, im Rückblick Fragen auf. Wenn David Garrett von vorn anfangen und für sich allein die Lust am Violinspiel zurückgewinnen wollte, dann hätte er dies im Prinzip auch tun können, ohne noch einmal die Schulbank zu drücken und die damit verbundenen Verpflichtungen auf sich zu nehmen.

Bei dem Versuch, diese Entscheidung zu verstehen, kommen weitere Facetten von Davids Persönlichkeit zum Tragen. Obwohl David bereits in der ganzen Welt Aufsehen erregt hatte, war er im Grunde ein unsicherer Mensch. Ihm war in der Zwischenzeit immer deutlicher bewusst geworden, dass er seine Erfolge nicht allein errungen hatte. Die ständigen Forderungen und der stete Drill seines Vaters waren ihm zwar zuwider, doch war er sich völlig darüber im Unklaren, welche Leistung er wirklich zu erbringen vermochte, wenn er auf eigenen Beinen stand. Der Besuch der Juilliard School war für ihn daher auch eine Möglichkeit, sich aus eigenem Antrieb mit anderen zu messen. Davids Ziel war es, herauszufinden, ob er die Konkurrenz auch dann überflügeln würde, wenn er so spielte und übte, wie er es aus eigenem Antrieb konnte und wollte.

War er wirklich so gut, wie es ihm sein von ihm abhängiges Umfeld suggerierte? Und gab es vielleicht auch Ebenen der Virtuosität, die ihm nicht bekannt waren, weil sein Vater und seine Lehrer sie ihm nicht vermittelt hatten?

Zu jener Zeit kam David auch wieder die Beschreibung ins Gedächtnis, die Isaac Stern ihm einst geliefert hatte: dass die Musik zwar von Emotionen lebe, aber erst das Wissen über das Wesen der Musik das Spiel des Virtuosen auf eine höhere Ebene hebe. Dieses Wissen wollte David nun im Rahmen des Studiums erweitern. »Ich sah mein Studium als einen Weg an, um mich in meinem Beruf wieder wohlzufühlen«, fasst David die Erinnerung an diese Zeit zusammen.

Vielleicht war das Studium aber auch einfach nur ein letzter Testballon, ob David den von ihm eingeschlagenen Weg des Violinisten wirklich weitergehen wollte. Tatsächlich beschreibt David Garrett selbst je nach Tagesform seine damalige Motivation durchaus unterschiedlich. Manchmal wiederholt er zwar die These seiner Unsicherheit in Bezug auf das eigene Können und sagt, dass er vermutlich ganz aufgehört hätte, Geige zu spielen, wenn er im Umfeld der Kommilitonen nicht hätte bestehen können. Häufig ergänzt er dabei jedoch, dass er sich im Grunde seines Herzens sicher gewesen sei, über ausreichend Substanz zu verfügen, um auch in New York die Konkurrenz zu übertrumpfen.

Was eine ziemlich gewagte Aussage ist angesichts des Stellenwerts der Juilliard School, die zahlreiche Größen hervorbrachte, sowohl im Bereich der Musik als auch auf dem Gebiet der Schauspielkunst.

Die Sängerin Nina Simone (*My Baby Just Cares for Me*) lernte hier ebenso ihr Handwerk wie Barry Manilow (*Mandy*) und der Trompeter Miles Davis, der zu einem der erfolgreichsten Jazzmusiker heranreifte. Auch der Violinist Nigel Kennedy, der lange vor David die klassische Musik mit anderen Impulsen verband und zum Beispiel Stücke der Gitarrenlegende Jimi Hendrix in sein Repertoire aufnahm, absolvierte ein Studium an der Juilliard School. Zu den Schauspielern, die das renommierte Institut besuchten, zählen unter anderem die Oscar-Preisträger Robin Williams (*Der Club der toten Dichter*) und Kevin Kline (*Ein Fisch namens Wanda*).

Die Juilliard School ist eine Kombination aus Musikkonservatorium und Schauspielschule. Sie ist nahe dem Central Park im Lincoln Center in Manhattan untergebracht und zählt aktuell etwa 700 Studenten in den Bereichen Musik, Tanz und Schauspiel. »The Juilliard«, wie das Institut meist kurz genannt wird, bildet neben dem Curtis Institute of Music in Philadelphia die bedeutendste Musikhochschule der USA.

Diesen Status strebte bereits der Gründer des Konservatoriums an. Der deutschstämmige Musikerzieher Frank Damrosch eröffnete 1905 das Institute of Musical Art mit dem ehrgeizigen Ziel, in den USA eine Ausbildungsstätte für Musiker zu schaffen, die es mit der Qualität europäischer Einrichtungen aufnehmen konnte. Die Hochschule war zunächst an der berühmten New Yorker Fifth Avenue ansässig, fünf Jahre später wurde der Hauptsitz in die Claremont Avenue verlegt. Im Jahr der Gründung besuchten bereits rund 500 Studenten das Konservatorium.

Der Namenswechsel der Schule geht auf ein Testament zurück: Der 1919 verstorbene Unternehmer Augustus D. Juilliard hatte unter anderem durch Investitionen in die damals florierenden Eisenbahngesellschaften ein beachtliches Vermögen angesammelt. Da er kinderlos geblieben war, vermachte er dem Institute of Musical Art die zu jener Zeit immense Summe von fünf Millionen US-Dollar. Da Juilliards Testament ausdrücklich darauf hinwies, dass mit dem Geld der »Fortschritt der Musik« zu fördern sei, wurde die Stiftung der Juilliard Musical Foundation (JMF) gegründet und damit der Grundstein für die Juilliard School gelegt.

Im Laufe der Zeit wurde das ursprüngliche Konzept eines reinen Musikkonservatoriums ergänzt. Im Jahr 1951 entstand eine Abteilung für Tanz, ab 1968 wurden an dem Institut auch Schauspieler ausgebildet. 1969 bezog die Juilliard School ihren heutigen Standort im Lincoln Center, 2001 kam als bislang letzter zusätzlicher Zweig ein Jazz-Training-Programm hinzu.

Der gute Ruf der Schule lockte regelmäßig eine große Zahl von Bewerbern an, von denen durch ein Prüfungsverfahren, das als äußerst anspruchsvoll galt, die Besten ausgewählt wurden. Anwärter, die die Aufnahmeprüfung bestanden, zählten allein schon deshalb zur Elite ihres Fachs. Allerdings war »The Juilliard« nie eine Talentschmiede für jedermann: Wer sich hier ausbilden lassen wollte, musste jährlich immerhin 30 000 Dollar Studiengeld aufbringen – mehr also, als mancher Arbeitnehmer verdiente, um seine Familie zu ernähren. Diese Kosten sollten auch für David bald zum Problem werden.

Vorerst jedoch freute er sich auf seinen Studienbeginn und auf die Aussicht, von Itzhak Perlman unterrichtet zu werden. Perlman war selbst

Absolvent der Juilliard School und suchte sich nun als Dozent des Konservatoriums seine Studenten sehr kritisch aus.

Der 1945 im israelischen Jaffa geborene Perlman zählte wie Isaac Stern oder Yehudi Menuhin zu den bedeutendsten Violinisten der zweiten Hälfte des 20. Jahrhunderts. In seinem Fall ist dieser Status besonders bemerkenswert – Perlman erkrankte im Alter von vier Jahren an Kinderlähmung und ist seither auf Gehhilfen angewiesen. Die Geige spielt Perlman im Sitzen.

Trotz der seit der Kindheit bestehenden körperlichen Einschränkungen begann Itzhak Perlman eine musikalische Ausbildung an der Academy of Music in Jaffa. Später zog er in die USA und studierte an der Juilliard School. Im Alter von 18 Jahren gab er sein Konzertdebüt in der New Yorker Carnegie Hall. In den Folgejahren absolvierte er immer wieder lange Konzerttourneen. Abseits der klassischen Musik wurde Perlman dem Publikum vor allem durch den Film *Schindlers Liste* von 1993 bekannt, der unter der Regie von Steven Spielberg entstand und die Rettung verfolgter Juden im Dritten Reich durch den Unternehmer Oskar Schindler beschreibt. Die von John Williams komponierte, mit einem Oscar ausgezeichnete Filmmusik war in weiten Teilen Itzhak Perlman gewidmet und wurde von Perlman selbst eingespielt. Neben seiner Karriere als Geiger beschäftigte sich Perlman intensiv mit der Förderung junger Talente und übernahm schließlich den Lehrstuhl für die Violinausbildung an der Juilliard School.

Die Tatsache, dass ein Violinist von Weltrang an einer Musikhochschule als Lehrer arbeitete, war nun selbst an der Juilliard School etwas Außergewöhnliches. Deshalb wurde Perlman eine Sonderstellung zugestanden. Statt große Klassen zu unterrichten, war es Perlman gestattet, eine kleine Gruppe besonders begabter Studenten zusammenzustellen, mit denen er intensiv arbeitete. Während andere Dozenten Kurse mit bis zu 50 Teilnehmern absolvierten, widmete sich Perlman maximal vier jungen Geigern, zu denen nun auch David Garrett gehörte.

Durch Perlman wurden die Studenten auch mit den gesundheitlichen Problemen konfrontiert, die jahrelanges intensives Geigenspiel nach sich ziehen kann. Nicht nur David Garrett war nach wie vor durch Schmerzen beeinträchtigt, Itzhak Perlman konnte zu jener Zeit selbst aufgrund einer Verletzung der Schulter keine Konzerte spielen. Tatsächlich sollten Perlman seine Beschwerden jahrelang begleiten. Im Jahr 2003 musste er an der Schulter operiert werden, 2008 sagte er erneut alle Auftritte ab, weil eine weitere Behandlung der Beschwerden notwendig geworden war.

Für die Juilliard-Studenten bedeutete dies, dass ihnen ihr Dozent unerwartet häufig zur Verfügung stand. Außerdem beobachtete dieser, durch seine eigene Verletzung für die Thematik sensibilisiert, seine Schüler besonders genau, um festzustellen, ob ihre Körperhaltung beim Musizieren Hinweise auf zu erwartende Gesundheitsschäden gab.

Kein Wunder also, dass Itzhak Perlman gerade auf David aufmerksam wurde, der immer noch unter den Folgen seines ambitionierten Projekts der Paganini-Capricen litt. Perlman erkannte, dass Davids Körperhaltung eine der wesentlichen Ursachen für seine Beschwerden darstellte, die durch die einstige Überanstrengung noch verstärkt worden waren. David Garrett machte nun die Erfahrung, dass die Förderung eines Talentes nicht ausschließlich das Antreiben zu höherer Leistungsfähigkeit beinhaltete: Perlman sah, dass David in dieser Form nicht weiterarbeiten konnte, und tatsächlich wurde die Verletzung nun von einem Arzt behandelt und kuriert. Es ist vielleicht als Fügung des Schicksals anzusehen, dass David, nachdem er seine erste freie Entscheidung getroffen und sich von den Eltern abgekapselt hatte, nun seit langer Zeit wieder ohne Schmerzen leben und Geige spielen konnte.

David erhielt zudem Ratschläge, wie er erneuten Beschwerden und Verletzungen vorbeugen konnte: Sowohl der Arzt als auch Itzhak Perlman rieten ihm zu einem regelmäßigen Sportprogramm, das vor allem die Muskulatur im Bereich des Rückens, des Nackens und der Schultern kräftigen sollte. Seither treibt David Sport, ist aber aufgrund seines hohen Arbeitspensums gelegentlich dennoch nicht frei von Beschwerden.

Nach der Beseitigung der Schmerzen konnte es für David in New York nun richtig losgehen. Körperlich fit und durch das neue kreative Umfeld motiviert, gewann David die Lust am Geigespielen in Siebenmeilenschritten zurück. Außerdem erkannte er bald, dass er tatsächlich mehr Talent besaß als seine Kommilitonen. Itzhak Perlmans Umgang mit David bestätige dessen herausragende Stellung: Da Perlman die Fähigkeiten des jungen Geigers bereits aus der Vergangenheit kannte und nun bemerkte, dass es David in technischer Hinsicht nur noch wenig beizubringen gab, konzentrierte er sich im Unterricht mit David auf Details, die den Vortrag weiter perfektionierten, und auf die Erweiterung des Wissens über das Wesen der Musik, die ja bereits Isaac Stern angemahnt hatte.

David erlangte dieses Wissen an der Juilliard School auf verschiedenen Ebenen und in sehr unterschiedlichen Disziplinen. Auch der passive Umgang mit der Musik war nun von Bedeutung: Nach all den Jahren unter den Fittichen seiner Eltern und den zahllosen nicht von Lehrern begleiteten Übungsstunden bildete jetzt erneut die Schulung des Gehörs einen wichtigen Aspekt. Auf der anderen Seite belegte David auch Kurse in Kompositionslehre und Musiktheorie, die ihm Einblick in die den Klangfolgen zugrunde liegenden Strukturen offenbarten. Damit widmete sich David nun den Bereichen, die ihm von frühester Kindheit an als zentral beschrieben worden waren, für die aber im aufreibenden Alltag eines Wunderkindes kein Platz gewesen war. Nun endlich lernte David das, was er spielte, zu analysieren und zu verstehen.

Obwohl er wusste und auch von Perlman bestätigt bekam, dass sein Können das der anderen Studenten weit überragte, war David sich zudem nicht zu schade, wie jeder andere Student einfache Rhythmusübungen zu absolvieren.

Es schien, als kehrte zu David die Leidenschaft zurück, die ihm im Laufe seiner fremdbestimmten Karriere abhandengekommen war. Als hätte es die Zeit der Zweifel nie gegeben, als wäre die von Motivationslosigkeit geprägte Episode in London nur ein böser Traum gewesen, wandte sich David in New York seinem Instrument mit jenem Eifer zu, der ihn als Vierjährigen dazu veranlasst hatte, mit der Geige des Bruders auf eigene Faust Musikstücke zu lernen.

Aus dem jungen Mann, der in London als mehr als nachlässiger Student galt, wurde ein Vorzeigeschüler, der sich mit Elan und aller Ernsthaftigkeit seinen Aufgaben und Prüfungen widmete. Neben seiner Begeisterung für die ihm an der Juilliard School vermittelten Inhalte war auch Davids Aufmerksamkeit für die Musik selbst ein gewinnbringender Aspekt: Das neu erworbene Wissen ließ ihn Kompositionen neu entdecken und gab ihm die Werkzeuge an die Hand, das Wesen eines musikalischen Kunstwerks zu verstehen und sich eingehend damit auseinanderzusetzen. Zum Teil hatte David den Eindruck, sich Musik bisher immer mühevoll erarbeitet zu haben und Stücke, die er bereits seit Jahren kannte, nun erstmals in ihrer vollen Schönheit wahrzunehmen.

Die wieder entfachte Leidenschaft schürte nun auch den Wunsch, etwas zu schaffen, das über das reine Interpretieren hinausging. David wollte selbst komponieren. Bald zeigte sich, dass er auch auf diesem Gebiet über außergewöhnliches Talent verfügte. Regelmäßig fanden an der Juilliard Kompositionswettbewerbe statt, in denen die Studenten in kleinem Rahmen Eigenkompositionen präsentierten. David schuf für diesen Anlass eine Fuge im Stil von Johann Sebastian Bach, der als bekanntester Erschaffer von Werken nach diesem Kompositionsprinzip gilt, das im weitesten Sinne als eine Art musikalisches Gespräch bezeichnet werden kann. Das Werk beeindruckte die Juroren und David gewann den Wettbewerb.

David Garrett erfindet sich neu

Davids Jahre in New York beinhalteten natürlich nicht nur den Besuch der Juilliard School. Und nicht alles in der Stadt, die niemals schläft, klappte so reibungslos wie das Studium.

Nachdem David gegen den Willen seiner Eltern nach New York gezogen war und nun nicht mehr auf deren finanzielle Unterstützung bauen konnte, musste er nicht nur die Studiengebühren aufbringen, sondern auch Geld für das tägliche Leben verdienen. Zwar erreichten ihn auch in New York Konzertanfragen, doch war es ihm als Schüler des renommierten Konservatoriums nicht gestattet, nach Belieben zu Konzertreisen aufzubrechen. An der Juilliard School legte man Wert auf umfassende Ausbildung und damit eben auch auf kontinuierliche Anwesenheit der Studenten.

Bevor er nach London ging, wusste David kaum, wie es in einem Supermarkt aussah oder wie man sich Kleidung kaufte – das hatten bisher seine Eltern für ihn erledigt. In seiner New Yorker Zeit gab es für David nun viele weitere Dinge zu lernen, die für andere Menschen selbstverständlich waren.

Zunächst einmal galt es, eine Unterkunft zu finden. Eine eigene Wohnung kam nicht infrage, David benötigte eine Bleibe, die möglichst wenig kostete. Also mietete er sich in einem der sogenannten Dormitories ein, den für die USA typischen Studentenwohnheimen, in denen nicht selten Zustände wie in einer Jugendherberge herrschen und sich viele Menschen Schlafplätze auf engem Raum teilen.

Natürlich musste David auch etwas essen. Allerdings gab es nun niemanden mehr, der für ihn kochte, und Restaurantbesuche fielen aufgrund seines begrenzten Budgets aus. Also musste sich David in die Grundlagen der ihm völlig unbekannten Kochkunst einarbeiten. Nebenbei lernte er noch, wie man eine Waschmaschine bedient.

Vor allem aber musste er eine Möglichkeit finden, abseits der großen Konzertsäle Geld zu verdienen. David musste sich einen Job suchen. Schnell fand er eine Beschäftigung und wechselte dann häufig die Tätigkeiten, wenn sich die Chance bot, ein paar Cent mehr zu erhalten. Wird heute über diese Zeit berichtet, dann geht es meist allein darum, dass der nun auch optisch aus der von den Eltern geschaffenen Schale schlüpfende David Garrett sich als Model verdingte. Dies ist jedoch nur eine Facette der Beschäftigungen, denen David damals nachging, und mit Sicherheit eine der angenehmeren und einträglicheren Varianten.

Sofern es die Finanzen erforderten, übernahm David auch wesentlich unerfreulichere Arbeiten, denn seine im Nachhinein gern geschönte Lage war alles andere als rosig. David Garrett selbst erzählt davon, dass er damals seine Gitarre verkaufen musste, um die Miete im Wohnheim zu finanzieren. Nur ließ sich eine Gitarre eben nur einmal verkaufen. Also putzte David eine Zeit lang für wenige Dollar Stundenlohn die Toiletten in einem Parkhaus und verdingte sich als Kellner in einem Coffeeshop. Auch die Beschäftigung als Aushilfe in einer Bibliothek, ein Job als Verkäufer in einer Boutique und die Betätigung als Barkeeper finden sich in dem Lebenslauf des einstigen Wunderkinds.

Trotz aller Widrigkeiten, trotz des intensiven Studiums und der zeitraubenden Jobs genoss David seine neue Freiheit in vollen Zügen. Hatte er in London bereits erstmals eigene Freunde gefunden, so war er nun in New York erst recht nicht mehr der einsame Wolf mit der Geige.

Der Student aus Deutschland suchte in erster Linie jedoch nicht den Kontakt zu den Kommilitonen an der Fakultät für Musik. Vielmehr faszinierten ihn die Tanzstudenten oder, um genau zu sein, die Tanzstudentinnen. Er beobachtete sie nicht allein aus einem anzunehmenden männlichen Interesse, sondern auch aus fachlichem Blickwinkel, beeindruckte ihn doch die Art und Weise, wie sie mit ihren Körpern eine so ganz andere Art fanden, Musik zu interpretieren. Zur weiteren Annährung war David die Geige behilflich – die Tänzerinnen brauchten Musik für ihre Übungseinheiten, und genau die konnte David ihnen jederzeit liefern.

Diese jungen Frauen trugen nun auch wesentlichen Anteil an der optischen Neuerfindung Davids. Sie berieten ihn bei der Auswahl modischer Kleidung und waren ein Auslöser dafür, dass die dicke Brille endgültig im Etui verschwand und durch Kontaktlinsen ersetzt wurde.

Vor allem an seinen arbeitsfreien Wochenenden zog David nun mit seinen neuen Freunden durch das pulsierende New Yorker Nachtleben. Sie feierten bis zum Morgengrauen in den Klubs, tanzten und tranken gelegentlich auch mal deutlich über den Durst. Dass David sich ausgerechnet am Times Square nach einer durchzechten Nacht an einer Hauswand übergeben musste, zählt zu den unrühmlicheren Episoden jener Zeit – andererseits war dieses Ereignis nicht mehr und nicht weniger als eine Selbstverständlichkeit im Leben eines jungen Mannes, der unendlich viel nachzuholen hatte.

Sicherlich standen auch Kontakte zu Frauen auf der Liste des bisher Versäumten. Da kam es nun gerade recht, dass sich die Tanzstudentinnen so aufopfernd um Davids Erscheinungsbild kümmerten. Hatte David bis dahin vermutlich nicht einmal den Begriff »Sexsymbol« gehört, entwickelte er sich zusehends selbst dazu.

Die exzessiven Nächte hatten aber noch einen weiteren und wesentlich wichtigeren Einfluss auf David: Bei den Touren durch die Klubs wurde er immer wieder mit neuen Musikrichtungen konfrontiert und lernte die ganze Bandbreite aktueller Stilrichtungen kennen. Was mit dem Queen-Album *A Night at the Opera* begonnen hatte, führte nun zu einer bislang unbekannten Experimentierfreude bei David Garrett. Langsam fing er an, die gehörte Musik auf seiner Geige nachzuspielen, zu interpretieren und zu ergänzen. Da passte es sehr gut, dass es seit 2001 an der Juilliard School auch ein Jazz-Programm gab. Unter den Studenten dieses Bereichs fanden sich schnell einige, die gerne zusammen mit David experimentierten.

Die Klubbesuche und das gemeinsame Proben mit anderen Studenten waren nicht nur Spaß, sie veränderten auch Davids Musikverständnis beträchtlich. Er begann zu begreifen, dass die Musikstile auf vielfältige

Weise miteinander verbunden waren, dass sich die Popmusik nicht in einem ganz eigenen Rahmen bewegte, sondern immer wieder Gemeinsamkeiten mit klassischen Kompositionen aufwies.

Vollkommen konnte David Garrett seine Vergangenheit allerdings auch in New York nicht abschütteln. In den Jahren 2000 und 2001 spielte er einige ausgewählte Konzerte, wenn es seine Zeit erlaubte – nicht allein aus Vergnügen, sondern wegen der Gagen. Außerdem gab es noch Forderungen seitens der Deutschen Grammophon. David hatte zwar alle Verträge gekündigt, doch es bestanden noch alte Verpflichtungen. Er musste noch zwei Alben abliefern. Mittlerweile war David jedoch in der Lage, seine eigenen Entscheidungen zu treffen. Er war sich bewusst, dass er den weit zurückliegenden Vertrag erfüllen musste, fand jedoch eine Lösung, diese Verbindlichkeit mit möglichst geringem Aufwand einzulösen.

Da traf es sich gut, dass noch unveröffentlichtes Material vorlag. Im Alter von 17 Jahren hatte er mit dem Dirigenten Mikhail Pletnev und dem Russischen Nationalorchester das Violinkonzert von Tschaikowsky eingespielt. Obwohl diese Aufnahme in jener Zeit der großen Zweifel und des Motivationsverlustes entstanden war, besaß sie eine solch gute Qualität, dass sie zur Veröffentlichung geeignet war.

Als diese CD im Herbst des Jahres 2001 auf den Markt kam, lag das Erscheinen des Albums mit Paganinis Capricen bereits rund vier Jahre zurück. Der Name David Garrett war seitdem weitgehend aus der Öffentlichkeit verschwunden. Allein deshalb kam die neue CD für die Kritiker und die verbliebenen Fans des einstigen Wunderkindes überraschend. Noch unerwarteter war jedoch Davids Erscheinungsbild auf dem Cover. War auf der CD mit den Capricen noch ein Jüngling mit brav gescheitelter Föhnfrisur zu sehen, blickte von dem Cover der Neuveröffentlichung nun ein junger Mann, der selbst für Kenner nur schwer als David Garrett zu erkennen war. Die Gesichtszüge waren deutlich härter und kantiger, der adrette Haarschnitt war einer strubbeligen Kurzhaarfrisur gewichen, markante Koteletten zogen sich über die Wangen.

Das gesamte Cover erweckte den Anschein, als wüsste die Plattenfirma selbst nicht so recht, was sie mit dem neuen Erscheinungsbild ihres Künstlers anfangen sollte. Fast schien es, als sei das Foto Garretts nachträglich hineinmontiert worden. Den Hintergrund bildete ein undefinierbares Braungrau, in der Mitte war das farbige Foto einer Violine zu sehen. David hielt eine zweite Geige in der Hand, den Oberkörper schräg nach vorne geneigt, als würde er sich mit dem Ellenbogen aufstützen. Sein Foto schien grob mit einer Schere ausgeschnitten zu sein und stand als Schwarz-Weiß-Aufnahme in seltsamem Kontrast zu den anderen Elementen des Covers. Hinzu kam, dass man sich diesmal wohl nicht allein auf die Zugkraft des Namens David Garrett verlassen wollte, denn der wurde zwar auf der linken Seite des Covers angegeben, auf der rechten erschien jedoch in gleicher Schriftgröße der Name des Dirigenten Mikhail Pletnev.

Die CD sorgte zwar für Irritationen und Erstaunen angesichts des unerwarteten Wandels von David Garrett, allerdings war dies nicht aufsehenerregend genug, um in die Schlagzeilen zu gelangen. Die Musik selbst wurde zwar anerkennend, aber keineswegs mit überbordender Begeisterung aufgenommen. Insgesamt konnte das Album nicht an vergangene Erfolge anknüpfen.

Gleiches galt für das zweite aus den noch bestehenden Verträgen resultierende Album, das im Winter 2002 unter dem Titel *pure classics* erschien. Nun schien man David tatsächlich als jungen rebellischen Geiger vermarkten zu wollen. War David auf dem vorangegangenen Cover immerhin noch im Anzug zu sehen, trug er auf der neuen CD nun nur mehr ein Tanktop und demonstrierte der Kamera seine muskulösen Oberarme, während er seine Geige umklammert hielt. Davids Gesichtsausdruck ließ ihn als Kopie eines missgestimmten Jon Bon Jovi erscheinen. Inhaltlich konnte die CD den nach außen getragenen Anspruch von Erneuerung und Frische nicht erfüllen. Keines der Stücke war neu, es handelte sich schlicht um eine Zusammenstellung bereits veröffentlichter Aufnahmen.

Für David markierte diese CD jedoch einen wichtigen Schritt. Sie bedeutete ein Abschließen mit der Vergangenheit. Alle Pflichten waren erfüllt, nun konnte ihn niemand mehr zu etwas zwingen. Es gab kein Zurück mehr in das alte Leben, in die Welt der elterlichen Autorität.

Zurück auf der großen Bühne

Kaum war Vergangenes abgelegt, eröffnete sich für David eine neue Möglichkeit, die seine Karriere entscheidend beeinflussen sollte. Im Jahr der Veröffentlichung der CD *pure classics* erreichte ihn eine Einladung: Er sollte an der Konzertreihe »Night of the Proms« teilnehmen.

Es war nicht nur eine Einladung zu einem großartigen Ereignis, sondern auch zu einer Veranstaltung, die sich perfekt in den noch fortschreitenden Wandel des David Garrett einfügte, boten die »Proms« doch genau das, wofür sich David in New York gerade begeisterte: Die Verbindung verschiedenster Musikstile von Klassik über Rock bis Pop.

Bei dieser Konzertreihe stehen bekannte Rock- und Pop-Interpreten zusammen mit einem großen Orchester und ausgewählten Solisten aus dem Bereich der Klassik auf der Bühne. Auch die Musik überschreitet die Grenzen zwischen den traditionellen Gattungen. Popsongs erhalten durch klassische Arrangements ein neues Gewand, Größen der Klassik spielen mit dem Orchester Kompositionen von Rockstars. Die durch diese Verbindung geschaffene einzigartige Atmosphäre zieht bei den jährlichen Tourneen Scharen von Musikliebhabern an, die Konzerte in Europa werden von bis zu 500 000 Menschen besucht.

Für David war sofort klar, dass er die Einladung annehmen würde. Das Konzept der Konzertreihe faszinierte ihn und würde ihm außerdem die Möglichkeit geben, sich einem ganz anderen Publikum zu präsentieren, als er es aus seiner bisherigen Karriere kannte. Die »Proms« waren zwar auch bei an klassischer Musik interessierten Zuhörern beliebt, darüber hinaus aber lockten sie jüngere Menschen an, die ansonsten kaum etwas mit Klassik am Hut hatten, hier aber die einzigartige Kombination der Musikstile genossen. Nicht zuletzt stand für das Engagement eine ansehnliche Gage in Aussicht, mit der David Garrett die Anzahlung für seine neue Geige finanzieren konnte – eine Giovanni Battista Guadagnini aus dem Jahr 1772.

Die Entstehung der »Night of the Proms« war einer ähnlichen Entwicklung zu verdanken, wie sie David gerade erlebte. Inspirationsquelle für die Konzertreihe war die »Last Night of the Proms«, das jährlich in der Londoner Royal Albert Hall stattfindende Abschlusskonzert der »BBC Proms«, einer Kurzbezeichnung für eine Reihe von Promenadenkonzerten, den »promenade series«. Dieses seit 1895 veranstaltete Festival war ganz der klassischen Musik gewidmet, Einflüsse moderner Stilrichtungen waren verpönt.

1984 kamen die belgischen Studenten Jan Van Esbroeck und Jan Vereecke auf die Idee, ein Konzert zu veranstalten, bei dem klassische und populäre Musik gleichberechtigt nebeneinanderstanden. Der Plan wurde bald in die Tat umgesetzt: Bereits ein Jahr später fand am 19. Oktober 1985 das erste Konzert im Antwerpener Sportpalast statt. Den beiden Studenten war es gelungen, namhafte Künstler für die Veranstaltung zu engagieren. Es waren Darbietungen von Jean Baptiste »Toots« Thielemans, dem Komponisten und Jazz-Mundharmonikaspieler, der die Hintergrundmusik für die Fernsehserie *Sesamstraße* geschrieben hatte, zu hören und auch der Flötist Thijs van Leer, Gründungsmitglied der in den 1970er-Jahren international bekannten Progressive-Rock-Band Focus stand auf der Bühne. Zudem war John Miles verpflichtet worden, der 1976 mit dem Hit *Music (was my first love)* Weltruhm erlangt hatte.

Mit mehr als 13 000 Besuchern wurde die Premiere zu einem grandiosen Überraschungserfolg. Die »Night of the Proms« entwickelte sich zu einer jährlich veranstalteten Konzertreihe, die auch in andere europäische Länder exportiert wurde. Da sich Unternehmen in das Großereignis einzukaufen begannen, war das Festival zum Beispiel in Deutschland lange Zeit als »The Nokia Night of the Proms« bekannt.

Zudem entwickelten sich im Lauf der Zeit typische Merkmale der Konzerte, die bei jeder Veranstaltung wiederholt wurden. So wurden in den einzelnen Ländern auch nationale Künstler eingeladen, es wurde jedes Mal ein bestimmtes Instrument oder ein Nachwuchskünstler vorgestellt und das Orchester spielte stets auch eine Filmmusik. Zum Markenzeichen aller »Proms«-Nächte sollte aber John Miles werden. Er selbst nahm immer wieder an den Tourneen teil und sofern er nicht anwesend war, war er durch seinen Hit *Music* vertreten, der zur Hymne der Veranstaltung wurde.

Nahezu jährlich vergrößerte sich die Zahl der teilnehmenden Künstler und die Namen auf dem Veranstaltungsprogramm wurden immer bekannter. Bald schon galt es als Auszeichnung, zu dieser Konzertreihe eingeladen zu werden. Joe Cocker spielte ebenso bei der »Night of the Proms« wie Art Garfunkel von Simon & Garfunkel, Sting, Al Jarreau und Bryan Ferry.

Auch das Aufgebot für das Jahr 2002 konnte sich sehen lassen, wenngleich diese Veranstaltung mit einem Schicksalsschlag verbunden war: Ursprünglich sollte das schwedische Pop-Duo Roxette (*It Must Have Been Love*) mit auf Tournee gehen, doch die Sängerin Marie Fredriksson erkrankte an einem Hirntumor. Bis zu ihrer vollständigen Genesung und der Rückkehr auf die Bühne sollten Jahre vergehen.

Dennoch war die Liste der Teilnehmer beachtlich. Neben der britischen Band Simple Minds (*Don't You – Forget About Me*) waren Foreigner (*I Want to Know what Love Is*) und Cutting Crew (*I Just Died in Your Arms*) verpflichtet worden. Außerdem nahmen die deutsche Gruppe Alphaville (*Big in Japan*) und die Pointer Sisters (*I'm so Excited*) aus den USA teil. Auch John Miles würde erneut auftreten. Und dann war da eben noch der dem größten Teil der Konzertbesucher vollkommen unbekannte Geiger David Garrett, der jedoch bald zum Publikumsliebling aufstieg.

Für David sollte die Tournee in vielerlei Hinsicht ein Meilenstein werden. Bisher hatte er als Musiker ausschließlich die konservative, festliche und auch ein wenig altmodische Atmosphäre in den Konzerthäusern der Welt erlebt. Dort war er stets im Anzug vor das Publikum getreten, das ebenfalls elegante Kleidung trug. Bei diesen Konzerten war allein die Musik Mittel, das Publikum in den Bann zu ziehen. Shows waren verpönt und hätte jemand ein Feuerzeug im Takt geschwenkt, wäre er vermutlich des Saales verwiesen worden.

Die »Night of the Proms« waren eine ganz andere Welt. Sie boten großartige Musik und eine ganze Menge Showelemente. Diese Konzertreihe war auch für die aufwendig gestaltete Lightshow bekannt, für die ein eigener Choreograf engagiert wurde. Dieser leitete ein ganzes Team, das in Hunderten Arbeitsstunden immer wieder neue und jeweils einzigartige Konzepte für die Tourneen entwickelte. Die Lichtinszenierungen spiegeln über den gesamten Zeitraum eines Konzertes die von der Musik erzeugte Stimmung wider und intensivieren diese sogar.

Tatsächlich sind die »Night of the Proms«-Abende nicht als reine Konzertveranstaltung, sondern als Gesamtkunstwerk angelegt. Die Gestaltung wusste die Zuschauer von jeher so sehr zu beeindrucken, dass deren Neugier darauf geweckt wurde, wie sich die Veranstaltung im Folgejahr präsentieren würde. Auf diese Weise schuf man sich ein Stammpublikum, das immer wiederkehrte.

Für David war nicht nur die aufwendige Inszenierung neu, er tauchte auch zum ersten Mal in die Welt der Pop- und Rockstars ein – eine Welt, in der die Flasche Champagner in der Garderobe ebenso selbstverständlich war wie die Portion Kaviar zur Aufmunterung der Künstler. David registrierte diese Annehmlichkeiten nicht mit ungläubigem Staunen, er genoss sie. Das galt auch für eine andere typische Erscheinung des Popstar-Daseins: Groupies gab es ebenfalls.

Prägend waren für David aber die Konzerte selbst. Wenn man sich heute die Bilder und Videos aus dem Jahr 2002 ansieht, kommt man nicht umhin, in den »Night of the Proms« ein Rohkonzept für die späteren Konzerte des Violinisten zu sehen.

Erstmals präsentierte sich David nun auch auf der Bühne im neuen Erscheinungsbild. Statt im Anzug trat er in den damals hochmodernen zerrissenen Jeans auf und trug dazu ein T-Shirt oder Hemd. Abgerundet wurde dieses Outfit durch eine meist graue Strickmütze, unter der die zu jener Zeit noch vergleichsweise kurzen Haare verborgen blieben.

Filmaufnahmen von den Konzerten zeigen aber nicht nur einen äußerlich veränderten Künstler. Auf dem Gesicht des Geigenspielers lag nicht mehr ein künstlich wirkendes Lächeln, sondern David war anzusehen, dass er Freude an den Veranstaltungen hatte – Freude daran, endlich vor einem jungen Publikum aufzutreten und die Begeisterung von 13 000 Menschen zu spüren. Solche Größenordnungen waren ihm vollkommen unbekannt, obwohl er in aller Welt in bedeutenden Opernhäusern gespielt hatte.

Außerdem erlebte David auf der Bühne unmittelbar, dass sich Klassik und Pop verbinden ließen. Hier war es selbstverständlich, dass er Songs von John Miles auf der Geige begleitete und zwischen den Auftritten der anderen Pop- und Rockstars den dritten Satz eines Beethovenkonzerts spielte, den *Csárdás* von Vittorio Monti oder den *Danse Macabre* von Camille Saint-Saëns. Anders als gewohnt scheute das Publikum sich nicht, seine Begeisterung zu zeigen, während er spielte. Es sang nicht nur die Hits mit, sondern war auch bei Davids klassischen Parts begeistert dabei. Mehr noch: Nach einzelnen Passagen gab es immer wieder Zwischenapplaus. Auch etwas, das in einem Konzertsaal undenkbar gewesen wäre.

Gleichzeitig befreite sich David immer mehr von den im Bereich der klassischen Musik geltenden Konventionen. Einem Rockstar gleich spielte er im Knien, nach seinen Auftritten verbeugte er sich nicht nur, sondern warf dem Publikum erleichtert und zutiefst befriedigt Kusshände zu.

Jedes der Konzerte gipfelte in einem rauschenden Finale, bei dem alle Interpreten gemeinsam auf die Bühne kamen und *Let It Be* von den Beatles sangen und spielten, was mit kaum enden wollendem Applaus bedacht wurde.

Auch wenn es David selbst damals noch nicht bewusst gewesen sein mag, die »Night of the Proms«-Tournee legte den Grundstein für alle späteren Konzepte und Erfolge. Tatsächlich schien seine Karriere schon während der Konzertreihe einen neuen Anstoß zu bekommen, denn nicht nur das Publikum war von dem Virtuosen angetan, auch die Medien interessierten sich plötzlich wieder für ihn. Das in jenem Jahr veröffentlichte Album mit der Sammlung von Jahre zuvor eingespielten Stücken wurde zwar weiterhin weitestgehend ignoriert, doch die Person David Garrett interessierte: Die Geschichte des Mannes, der den Sprung vom Wunderkind zum erwachsenen Ausnahmegeiger geschafft hatte.

Das Interesse war jedoch nicht von Dauer, was auch daran lag, dass David Garrett nach der Tournee Europa wieder verließ. Zum einen war ihm bewusst, dass sich das unreflektierte Eintauchen in eine neue Welt, wie es sich in London ereignet hatte, nicht wiederholen durfte. Zum anderen war er es seiner neu entdeckten Freude an der Musik und sich selbst schuldig, den eingeschlagenen Weg fortzusetzen und das Studium an der Juilliard School abzuschließen.

Immerhin boten ihm die auf der Tournee eingespielten Gagen ein finanzielles Polster, mit dem er nicht nur seine Geige bezahlen, sondern auch eine Zeit lang den Alltag finanzieren konnte. Als die Rücklagen aufgebraucht waren, brauchte David neue Jobs, und nun sollte jene Phase beginnen, für die Davids Aufenthalt in New York überwiegend bekannt ist.

Als der Student mit Freunden eine Party besuchte, wurde er von einem Modelscout angesprochen. David hatte sich mittlerweile damit angefreundet, dass Menschen ihn für gut aussehend hielten, und das Angebot erschien ihm als perfekte Möglichkeit, mit wenig Aufwand gutes Geld zu verdienen. Vor allem aber bot sich damit eine weitere Chance, den Abstand zu seiner Kindheit, zur häuslichen Enge und zum verblassenden Image des einstigen Wunderkindes zu vergrößern. In New York war seine Vergangenheit generell von geringem Interesse, er wurde selten aufgefordert, davon zu erzählen. Nun erhielt er also ein Angebot von einem Agenten, der ihn einfach nur für fotogen hielt und davon ausging, dass David auch auf dem Laufsteg eine gute Figur machen würde.

David nahm das Angebot an. Rasch merkte er, dass ihm die Arbeit Spaß machte, weil er Anerkennung bekam und neue Freunde kennenlernte. Freunde, die allerdings vor allem dafür bekannt waren, dass sie wussten, wie man Partys feiert.

Das Leben in New York veränderte David zusehends. Es schien, als wolle der Künstler im Zeitraffertempo die verlorene Jugend nachholen. Nicht nur indem er Partys besuchte und Frauen traf, sondern auch indem er auf der Suche nach der Spiegelung seiner Persönlichkeit durch das optische Erscheinungsbild sein Aussehen ständig veränderte. Er wechselte häufig die Haarfarbe, ließ seine Haare wachsen und trug neuen Schmuck. David spielte mit seinem Image, er versuchte sich mit Piercings ebenso wie mit Tätowierungen.

Musikalisch dagegen trat David auf der Stelle. Das berauschende Erlebnis der »Night of the Proms« war bald Vergangenheit, an dessen Stelle traten neben dem Studium einzelne Engagements im gewohnten klassischen Umfeld. Im Jahr 2003, in dem er auch den Kompositionswettbewerb an der Juilliard School gewann, spielte er ein Violinkonzert von Jean Sibelius mit dem Orchester der Deutschen Oper Berlin. Hinzu kamen einige Engagements in Finnland, Slowenien und Spanien. Es waren ernüchternde Erlebnisse, die ihm sein Dilemma deutlicher denn je vor Augen führten. Hatte er vor Kurzem noch gespürt, wie ein von den üblichen Gepflogenheiten befreites Publikum klassische Musik begeistert feierte, spielte er nun in Häusern, in denen ihm zwar Applaus entgegengebracht wurde, von Enthusiasmus aber wenig zu spüren war. Diese Konzerte waren mehr gesellschaftliche als musikalische Ereignisse.

Diese Ernüchterung ließ David noch intensiver über die Möglichkeiten nachdenken, die ihm die »Night of the Proms« offenbart hatten. Es war nicht nur eine fixe Idee, dass klassische Musik Menschen wirklich Freude bereiten konnte und dass sie sich mit Pop und Rock kombinieren ließ – bei diesen Konzerten hatte er erlebt, wie Tausende Zuhörer den Beweis dafür erbrachten.

Auch im kleineren Kreis seiner Bekannten in New York stellte er fest, dass Klassik mehr vermochte, als nur ein älteres Publikum zu verzaubern. Wenn er spielte, faszinierte dies auch seinen Freundeskreis außerhalb der Juilliard School, da für diesen die Klassik eine von vielen musikalischen Facetten darstellte.

David mochte sich äußerlich und menschlich verändert haben, seine Liebe zur Musik blieb jedoch bestehen. Mehr denn je wünschte er sich, diese Liebe mit dem Publikum teilen zu können, mit einer Zuhörerschaft, die ihm entsprach – nicht dem ausgebildeten Violinisten David Garrett, sondern dem neugierigen jungen Menschen.

Die Idee, wie dieses Ziel erreicht werden könnte, nahm immer konkretere Formen an. Um ein junges Publikum anzusprechen, musste klassische Musik in einem Umfeld präsentiert werden, das nicht steif und befremdlich wirkte. Es durfte keine Kleiderordnung für den Konzertbesuch geben, keine überholten Verhaltensregeln und schon gar keine Vorschriften, wann und wie ein Zuhörer seine Begeisterung ausdrücken durfte. Außerdem musste ein Konzert ein Ereignis sein, das musikalische Grenzen überschritt, das Rockmusik in klassischem Gewand ebenso präsentierte wie den reinen Genuss einer Komposition von Mozart, Beethoven oder all den anderen großen Komponisten.

Diese Idee beflügelte David. Die Freude an der Musik und am Violinspiel hatte er schon längst wiedergewonnen, und nun hatte er endlich auch eine Vision, wohin der Weg ihn führen sollte.

Es war ein Weg, der so nahelag, und der doch noch von kaum jemandem beschritten wurde: Musik nicht in Kategorien zu unterteilen, die jeweils ein eigenes und deutlich unterschiedliches Publikum ansprachen, sondern Musik als eine Einheit mit vielen Facetten als Ganzes zu präsentieren. So vielen Facetten, dass die Kombination kein Teilpublikum ansprach, sondern möglichst alle Menschen. Der Begriff »Crossover« war zwar noch nicht geboren, das Prinzip dahinter schon.

Bevor David sein Konzept in die Tat umsetzen konnte, musste er sich zunächst einer anderen wichtigen Aufgabe widmen. Das Jahr 2004 sollte Garretts letztes Jahr an der Juilliard School sein, er musste sich auf seine Abschlussprüfung vorbereiten. Das tat er intensiv und schloss mit Auszeichnung ab.

2. Satz:

Andante – Die erneute Weltkarriere

Von der Vision zur Realität

Statt sich nun mit aller Kraft seiner Vision widmen zu können, musste David andere Anforderungen erfüllen. Da sein Lebensunterhalt immer noch nicht ganz gesichert war, nahm David auch nach seiner Abschlussprüfung Engagements nach altem Muster an. 2004 gab er erneut klassische Konzerte in Europa. Er spielte mit dem britischen Royal Philharmonic Orchestra unter Leonard Slatkin das Violinkonzert von Tschaikowsky und gab ein Gastspiel beim Saarländischen Staatsorchester, bei dem unter dem Dirigenten Jiří Kout das Violinkonzert D-Dur op. 77 von Brahms aufgeführt wurde. Diese Auftritte waren zwar ehren- und achtenswert, brachten David seinem Crossover-Projekt jedoch nicht näher.

Ganz im Gegenteil schien David nach den Jahren, in denen er zumindest auf persönlicher Ebene so viele Fortschritte gemacht hatte, nun wieder festzustecken. Den Bonus als Wunderkind hatte er längst verloren. Man respektierte ihn als überaus fähigen Geiger, ein roter Teppich wurde für ihn jedoch keineswegs ausgerollt – schon gar nicht, wenn er über seine Pläne sprechen wollte.

Auch sein an einem der renommiertesten Konservatorien der Welt erworbener Studienabschluss führte nicht dazu, dass man ihn machen ließ, was er wollte. Die konservative Haltung im klassischen Musikbetrieb äußerte sich nicht allein dadurch, dass man sich an uralte Regeln hielt, sondern auch in der Weigerung, neue musikalische Wege zu beschreiten. Den Verantwortlichen war der Gedanke völlig fremd, Mozart mit Metallica oder Brahms mit den Beatles zu verbinden.

Ob Konzertveranstalter oder Plattenfirma – wo auch immer David Garrett sein mittlerweile ausgefeiltes Crossover-Konzept vorstellte, stieß er auf taube Ohren. Nicht nur, dass die Idee nicht auf Begeisterung stieß, sie wurde als vollkommener Irrsinn klassifiziert. Eine wie auch immer geartete Umsetzung schloss man völlig aus. Es war, als hätten die Musikmanager seit Jahren ihre Büros nicht mehr verlassen: Während sie bei Davids Präsentationen seines Projekts nur die Köpfe schüttelten, tourte die »Night of the Proms« weiter in jährlich wechselnder Besetzung durch die Lande und vergrößerte ihr Publikum dabei ständig.

Niemand erkannte, dass David nicht nur einfach eine spontane Idee anpries. Er befand sich mittlerweile regelrecht auf einer Mission und glaubte so fest an sein Konzept, dass er sich von den unzähligen Absagen nicht beirren ließ. Wenn ihm ein Plattenlabel prophezeite, er würde von seinem seltsamen Crossover-Album nicht mehr als fünf Exemplare verkaufen, stellte David sein Projekt einfach dem nächsten Unternehmen vor.

Diese Zeit erforderte von David viel Energie. Er lebte in New York, brach aber, wenn er gebucht wurde, immer wieder zu rein klassischen Konzerten auf. Zusätzlich setzte er alle Überzeugungskraft ein, um bei Veranstaltern und Plattenfirmen die Entscheidungsträger auf seine Seite zu ziehen – um immer wieder das gleiche negative Ergebnis zu erzielen.

Eines Tages trat dann doch die unerwartete Wendung ein: David erhielt von dem britischen Plattenlabel Decca Records die Zusage, das geplante Crossover-Album aufzunehmen. Diese Kooperationsbereitschaft war vermutlich auch auf zurückliegende Kontakte zurückzuführen. Das Unternehmen besaß eine lange Tradition und hatte seit seiner Gründung im Jahr 1934 neben zahllosen Klassikproduktionen zum Beispiel Alben von den Rolling Stones oder Tom Jones veröffentlicht. Der einstige Glanz schwand jedoch, nachdem 1970 die Rolling Stones das Label verließen und andere Künstler ihnen folgten. Nach dem Tod des Firmengründers wurde das Unternehmen 1980 an PolyGram verkauft – das wiederum stellte einen Zusammenschluss der Label Philips Phonographische Industrie und Deutsche Grammophon Gesellschaft dar.

Deutsche Grammophon? Da war doch etwas. Tatsächlich kehrte David über Decca im Grunde in den Schoß seiner einstigen Plattenfirma zurück. Decca Records wurde nach der Übernahme neben Philips Classics und Deutsche Grammophon zum dritten Klassiklabel PolyGrams.

Endlich also schien David seine Idee Wirklichkeit werden lassen zu können, um der Welt zu zeigen, dass Crossover mehr war als ein Hirngespinst. Er machte sich mit der von ihm gewohnten Hartnäckigkeit und Ausdauer an die Aufnahmen, spielte die Stücke virtuos und hoch motiviert ein. Belohnt wurde seine Arbeit nicht. Tatsächlich war das Management doch nicht so von seinen Plänen überzeugt, wie David angenommen hatte. Zwar ließ man ihn das Album komplett einspielen, erklärte ihm jedoch anschließend, dass man nicht an den Erfolg des Konzeptes glaube und keine Absicht habe, die CD zu veröffentlichen. Davids großes Werk, sein geplanter Anstoß für den Beginn einer zweiten und ihm sehr am Herzen liegenden Karriere verschwand in den Schubladen.

Eben noch jubelnd und erleichtert, folgte nun wieder tiefe Niedergeschlagenheit. David hatte zwar bekommen, was er wollte, doch andere Menschen würden Davids neue Musik nicht zu hören bekommen. Also kehrte er zurück in seinen Alltag und nahm zum Broterwerb erneut rein klassische Engagements an, die ihn mal nach Italien, mal nach Südamerika oder Asien führten.

David empfand dieses Umfeld nun in besonderem Maße als Rückschritt und als Symbol des Scheiterns seines Crossover-Projekts mit Decca Records. Fast schon trotzig spielte er zum Ausgleich seine neue Musikauswahl im Rahmen kleinerer Auftritte.

Während David glaubte, sich in einer ausweglosen Situation zu befinden, nahm das Publikum bei diesen Konzerten sehr wohl wahr, dass sich etwas verändert hatte. War David früher einzigartig, weil er als Wunderkind vermarktet wurde, so hob er sich jetzt von anderen Künstlern ab, weil er zu einer Persönlichkeit gereift war. Die Zuhörer empfanden ein David-Garrett-Konzert als besonderes Ereignis. Unerwartet stieg die Zahl der Konzertanfragen, David trat wieder häufiger auf und er wurde auch wieder gefeiert. Dann geschah das, was David sich so lange erhofft hatte: Ein in Berlin ansässiger Konzertveranstalter glaubte an ihn und nahm ihn unter Vertrag.

Neustart im Eiltempo

Die DEAG Deutsche Entertainment AG machte schnell klar, welchen Stellenwert sie dem Projekt David Garretts beimaß. Man wollte keinen kleinen Achtungserfolg erzielen, sondern plante Großes mit dem Künstler. Wie David selbst hatte das Unternehmen erkannt, dass sich Klassik für ein breit gefächertes Publikum eignete – wenn die musikalische Mischung stimmte und der Künstler bereit war, sich entsprechend vermarkten zu lassen.

Einer der ersten Schritte der Zusammenarbeit bestand darin, dass der Konzertveranstalter David einen Exklusivvertrag bei einer Plattenfirma vermittelte. Die Auswahl des Labels erfolgte mit Kalkül: Mit Decca Records wurde die Firma verpflichtet, die David nach der Aufnahme seines Crossover-Albums rücksichtslos hatte abblitzen lassen. Jetzt erlaubte der Vertrag mit dem Label den Zugriff auf das bereits eingespielte Material. Das noch namenlose Werk wurde aus dem Archiv geholt und sollte tatsächlich veröffentlicht werden. Nichts anderes hatte David gewollt.

Das Album erschien im März 2007 unter dem Titel *free* – ein Begriff, der David viel bedeutete und der für die erste CD seiner zweiten Karriere passend gewählt war: David war endlich frei, er hatte sich nicht nur von der Vergangenheit gelöst, sondern auch von den mit der klassischen Musik verbundenen Zwängen. Endlich konnte die Welt hören, was David sich unter Crossover vorstellte.

Der erste Titel des Albums war das 1970 von dem italienischen Komponisten Ennio Morricone für den gleichnamigen Spielfilm mit Romy Schneider geschaffene zeitlos schöne Lied *La Califfa*. Darauf folgten die von Georges Bizet im 19. Jahrhundert komponierte *Carmen Fantasie* und die kraftvolle Ballade *Nothing Else Matters* von der Heavy-Metal-Band Metallica. Allein diese drei Titel verdeutlichten, wie weit David Garretts Konzept des Crossover reichte und wie perfekt diese Symbiose der Stilrichtungen funktionierte. Insgesamt befinden sich auf dem Album elf Stücke, darunter auch drei Eigenkompositionen von David Garrett.

Free wurde in verschiedenen Ländern veröffentlicht, allerdings nicht in Deutschland. Das Album erzielte keinen großen Erfolg, es erreichte nie die vorderen Plätze der Charts. Dennoch erfüllte es seinen Zweck, denn im Grunde war diese Erstveröffentlichung als Fingerübung zu bezeichnen, die den Weg zur weiteren Vermarktung des Musikers ebnen sollte. Das CD-Cover war in den einzelnen Ländern unterschiedlich gestaltet, aber immer wurden das Gesicht des Künstlers und die mittlerweile sehr langen Haare des gut aussehenden Musikers in den Mittelpunkt gestellt. Es schien, als wolle man testen, in welcher Form das Image des rebellischen Geigers am besten angenommen wurde.

In der Zwischenzeit bereitete die DEAG mit und für David Garrett den Start auf dem deutschen Markt vor. Der Testballon *free* bewies, dass das Konzept funktionierte, jedoch noch ein wenig Feinschliff erforderte. Für die nächste Aufnahme ließ man die Abfolge der Titel unverändert, überarbeitete aber einzelne Teile.

Im November 2007 erschien die CD unter dem Titel *Virtuoso* auch in Deutschland. Das Cover zeigte David, der unter dem Sakko ein weit geöffnetes weißes Hemd trug, das den Blick freigab auf die Brust und die Schmuckstücke, die David gewählt hatte, darunter ein silbernes Kreuz. Mit leicht geneigtem Kopf schien David die Zuschauer anzublicken.

Schnell zeigte sich jetzt auch, dass die DEAG ihr Geschäft verstand – die Marketingmaschinerie lief an. Im Dezember 2007 trat David in der von der ARD ausgestrahlten José Carreras Gala auf. In der weihnachtlich gestimmten Sendung war Garrett von Kerzen umringt auf der Bühne zu sehen. Wer zu dem Zeitpunkt noch nicht wusste, wen er da vor sich hatte, bekam Nachhilfe in Form von Bildern, die während des Auftritts eingespielt wurden: Der kindliche David im Jahr 1990 mit José Carreras oder den jugendlichen David mit Luciano Pavarotti im Jahr 1996 zeigten Erinnerungen daran, dass auf der Bühne ein erwachsen gewordenes Wunderkind stand, das schon immer Kontakt mit weltberühmten Musikern pflegte.

Insgesamt war 2007 ein für David ereignisreiches Jahr. Er tourte durch Europa und Asien und gab Konzerte mit den Duisburger Philharmonikern. Er trat bei dem Festival »The Next Generation« in Dortmund, bei »Classical Spectacular« in der Londoner Royal Albert Hall sowie bei den »Last Night of the Thurn und Taxis Proms« in Regensburg auf. Darüber hinaus bestritt er gemeinsam mit der Pianistin Catherine Gordeladze ein Duo-Programm. Den abschließenden Höhepunkt des Jahres bildete ein Konzert im Barbican Centre mit dem London Philharmonic Orchestra unter Simon Wright. Allerdings sollte gerade dieses Ereignis zu einem wahrhaft niederschmetternden Erlebnis werden.

Ein folgenreicher Ausrutscher

Davids gesamte Familie hatte ihn bei diesem Konzert besucht und sollte nun Zeuge werden, wie David ein Vermögen ruinierte. Nach dem Ende der Veranstaltung verließ David das Gebäude, um sich mit seinen Eltern und Geschwistern zu treffen. Auf dem Rücken trug er wie so oft den Geigenkasten mit seiner Guadagnini. Über Jahre hatte er das Instrument im Wert von einer Million Euro abbezahlt und gerade die letzte Rate überwiesen. Nun endlich gehörte die Geige ihm.

David hatte es eilig, war noch euphorisiert vom Erfolg des Konzertes und freute sich auf das Zusammentreffen mit seiner Familie. Zügig trat er auf die Treppe hinaus. Doch hatte er vergessen, dass es ein regnerischer Tag in London gewesen war – und rutschte aus. Fatalerweise fiel er auf den Rücken und damit auf den Geigenkasten, der sein wertvolles Instrument barg. Es war wie eine Szene aus einem Stummfilm: David schlitterte mit Armen und Beinen rudernd die Stufen hinunter und blieb verdutzt liegen.

Das Unglück wurde von der gesamten Familie beobachtet. Davids Mutter rannte herbei und fragte, ob ihm etwas passiert wäre. Doch David reagierte überhaupt nicht, er erkundigte sich seinerseits nur, ob die Geige den Sturz heil überstanden hätte. Hatte sie nicht: David war mit seinem ganzen Körpergewicht auf den Geigenkasten gefallen und hatte diesen regelrecht zerquetscht. Die Geige war dabei stark beschädigt worden, sie war an mehreren Stellen gebrochen. David stand bei dem Anblick, der sich ihm bot, unter Schock. Für ihn war es, als sei jemand gestorben, als hätte er seinen einzigen und engsten Freund verloren. David blieb auf dem Boden sitzen, bis er sich so weit erholt hatte, dass er einen befreundeten Geigenexperten in London anrufen konnte.

Man traf sich mit dem Experten noch am selben Abend auf dem Parkplatz des Barbican Centre für eine erste Diagnose. Der Schaden, das stand bald fest, war zwar groß, aber nicht irreparabel. Die Wiederherstellung der Geige dauerte ein Dreivierteljahr und kostete rund 50 000 Euro – eine Summe, von der David lange nur träumen konnte, die sich jetzt allerdings aufbringen ließ, denn das Jahr 2008 bedeutete den Beginn seiner zweiten Karriere, seines großen Erfolgs.

Das Album *Virtuoso* stieg zwar nicht in die oberen Ränge der Charts auf, in Deutschland erreichte es als höchste Position nur den 32. Platz. Doch es wurde zu einem Dauerbrenner, der sich mehr als 40 Wochen in den Charts hielt. Ohnehin war die CD nur ein Teil der Strategie, die die DEAG für ihren neuen Schützling entwickelt hatte.

Der Hintermann

An der Entwicklung des Phänomens David Garrett und an dessen nun steil ansteigender Karriere hatten die DEAG Deutsche Entertainment AG und vor allem der Leiter dieses Unternehmens, Peter Schwenkow, entscheidenden Anteil. Die DEAG ist als Konzertveranstalter in nahezu allen Bereichen aktiv – von der Popmusik über Schlager und Volksmusik bis hin zur Klassik.

Peter Schwenkow gründete die Firma im Jahr 1978 unter dem Namen Concert Concept, im September 1998 wurde daraus die an der Frankfurter Börse notierte Deutsche Entertainment AG. David Garrett war zunächst nur ein Künstler unter vielen, seit dem Jahr 2010 hält er jedoch drei Prozent der DEAG-Aktien.

Der große Erfolg des Unternehmens ging von Anfang an vor allem auf Peter Schwenkow zurück. Der 1954 in Hamburg geborene Schwenkow begann seine Karriere als Tourneeleiter für den Komiker und Sänger Mike Krüger, die irische Band The Dubliners und den Kabarettisten Hanns Dieter Hüsch. Parallel dazu studierte er in Berlin Werbung und Kommunikationswissenschaften. Als er mit seinem Partner Jochen Zanke die Agentur Concert Concept gründete, erwarb er auch das alleinige Nutzungsrecht für die Berliner Waldbühne, die 1936 unter den Nationalsozialisten im Rahmen der Baumaßnahmen für die Olympischen Spiele entstand. Nach dem Zweiten Weltkrieg diente die Anlage zunächst als Freilichtkino, ab den 1960er-Jahren wurden hier überwiegend Rockkonzerte veranstaltet. Diese Ära endete am 15. Dezember 1965, als es bei einem Auftritt der Rolling Stones zu Krawallen kam. Fans machten ihrem Ärger über die kurze Dauer des Konzertes Luft und demolierten die Sitzbänke. Schließlich rückte die Polizei an und machte mit dem Einsatz von Wasserwerfern alles noch schlimmer. Am Ende des Tages lag die Waldbühne in Trümmern, der Sachschaden wurde auf 400 000 Mark beziffert. Es sollte Jahre dauern, bis die Schäden beseitigt wurden. Trotz der Instandsetzung wurde die Waldbühne danach kaum noch genutzt, da Stars und Veranstalter wettersichere, geschlossene Hallen bevorzugten.

Nachdem Schwenkow die Nutzungsrechte für die Waldbühne erworben hatte, setzte er alles daran, sie als Veranstaltungsort wiederzubeleben. Was eignete sich dafür besser als ein Konzert mit einem der ganz großen Stars jener Zeit: Frank Zappa, das Enfant terrible der Rockmusik, sollte ein großes Konzert geben. Doch das Vorhaben scheiterte, da Regen das Areal in eine einzige Schlammfläche verwandelte. Das Konzert wurde in eine Halle verlegt. Schwenkow ließ sich von diesem Rückschlag nicht beirren. 1981 pachtete er die gesamte Waldbühne und ließ ein Jahr später ein Zeltdach errichten, das die Abhängigkeit von den Launen des Wetters deutlich verringerte. Nun konnten die Vorteile der Anlage, die bis zu 22000 Besucher fasst, genutzt werden. Auf der Waldbühne fanden seither unter anderem Konzerte von den Berliner Philharmonikern, Neil Diamond und Joe Cocker statt.

Peter Schwenkow wollte sein Imperium noch erweitern. Am 23. März 1994, Schwenkows 40. Geburtstag, ging der von ihm gegründete Radiosender JFK 98,2 in Berlin auf Sendung. Gespielt wurde überwiegend leichte amerikanische Musik. Der Name des Senders wurde jedoch zum Stolperstein: JFK stand für den 1963 ermordeten US-Präsidenten John F. Kennedy, der in der Stadt vor allem durch seinen Ausspruch »Ich bin ein Berliner« unvergessen war. Nur hatte Schwenkow nicht damit gerechnet, dass die Familie Kennedy etwas dagegen haben könnte, wenn er das Kürzel JFK ungefragt nutzte – schon ein Jahr später wurde der Sender umbenannt und verkauft.

In der Folge wandte sich Peter Schwenkow wieder seinem Kerngeschäft, den Konzertveranstaltungen, zu. Mit wachsendem Erfolg: Aus der Agentur Concert Concept wurde das Unternehmen DEAG. Die Krise, die im Jahr 2000 durch die Übernahme des angeschlagenen Musical-Veranstalters Stella ausgelöst wurde, wurde gemeistert und die DEAG etablierte sich auf dem Markt.

Der Erfolg des Unternehmens wurde auch dadurch befördert, dass Schwenkow ein außergewöhnliches Konzept entwickelte: Fortan sollte sich der Konzertveranstalter auf klassische Musiker konzentrieren, und zwar vor allem auf jene Künstler, die sich mit zeitgemäßen Mitteln vermarkten ließen und diese Strategie auch selbst unterstützten. Peter Schwenkow wollte klassische Konzerte nicht im kleinen Rahmen präsentieren, sondern sie zu Großveranstaltungen erweitern.

Das Konzept ging auf: Schwenkow machte die russische Sopranistin Anna Netrebko zu einem Star, der große Anlagen wie die Waldbühne problemlos füllte. Ihre Popularität war dabei nicht allein durch ihre herausragenden stimmlichen Qualitäten bedingt, sondern auch durch ihre Bereitschaft, neben herkömmlichen Alben die 2004 veröffentlichte DVD *The Woman, The Voice* zu produzieren, die zu den Liedern Videos im Stile moderner Popstars enthielt. Die Vermarktbarkeit von Anna Netrebko erwies sich für die DEAG dennoch als begrenzt, da sich die Opernsängerin nach wie vor ausschließlich der klassischen Musik widmete.

Der zweite klassische Musiker, der von der DEAG verpflichtet wurde, zeigte sich schon ein wenig freier im Umgang mit dem Thema der Erweiterung der Präsentation des Genres. Der chinesische Pianist Lang Lang war dazu bereit, bei *Wetten, dass..?* aufzutreten und nach verlorener Wette in einem Hotelfoyer ein Stück des deutschen Liedermachers Konstantin Wecker zu spielen. Außerdem musizierte Lang Lang zusammen mit den Mitgliedern des deutschen Musikprojekts Schiller und wirkte bei einem Album der britischen Poplegende Mike Oldfield mit.

Peter Schwenkow galt allerdings nicht nur als Mensch, der andere zu Stars machte, sondern auch als Person, die gern ihren eigenen Status betonte. Er war ein Mann großer Worte und Gesten. Sein Büro zierte ein Gemälde mit seinem eigenen Porträt, die Wände der Unternehmenszentrale waren mit Fotografien, die Schwenkow zusammen mit seinen Stars zeigten, übersät. Schwenkow wurde aufgrund dieses Verhaltens oft als Aufschneider tituliert. Andererseits verkörperte er unbestritten den Typ eines Unternehmers, der Risiken in Kauf nahm und immer wieder neue Wege beschritt, vor denen andere sich scheuten.

Die ihm eigene Mischung aus Arroganz und Chuzpe war es wohl auch, die Schwenkow 2006 zu dem gewagten Unterfangen verleitete, für die CDU in Berlin bei den Wahlen zum Abgeordnetenhaus anzutreten. Als Vertreter des Wahlkreises Grunewald-Halensee konkurrierte Schwenkow ausgerechnet mit dem regierenden Bürgermeister Klaus Wowereit, der für die SPD kandidierte. Schwenkow widmete sich dem schier aussichtslosen Projekt mit der ihm eigenen Professionalität und verlor immerhin nur knapp.

Das also war der Mann, der im Jahr 2007 David Garrett verpflichtete und dessen Karriere zu seinem eigenen Anliegen machte. Schwenkow hatte Großes mit dem Künstler vor, weil er an dessen Fähigkeiten und auch an seine eigene Spürnase für erfolgreiche Konzepte glaubte. Wenn so ein Plan funktioniere, soll Schwenkow einmal gesagt haben, dann sei das ein ähnlich gutes Gefühl wie beim Sex. Schwenkow wird also seit 2007 keine allzu unglückliche Zeit erlebt haben.

A Star is born

2008, das Jahr nach Erscheinen des Albums *Virtuoso,* sollte nun den vollen Umfang des von der DEAG geplanten »Projekts« David Garrett zeigen. Der bis dato vergleichsweise unbekannte klassische Geiger war plötzlich omnipräsent. Die Medien zeigten nicht zuletzt aufgrund des zum Zwecke der Vermarktung geschaffenen Images immenses Interesse: David der Klassik-Rebell, David, der schönste Geiger der Welt. Bis zu jenem Zeitpunkt hatte selten das Foto eines klassischen Musikers auf der Titelseite eine Hochglanzmagazins als Kaufanreiz gewirkt, kaum schalteten Menschen gezielt eine Talkshow wegen eines Geigers ein. Mit David Garrett hatte all dies sich geändert.

Davids eigener Umgang mit den Medien unterstützte seine Popularität. Er lächelte nicht nur und sah gut aus, sondern er konnte sich auch perfekt ausdrücken. Auf jede Frage gab er eine umfassende und unterhaltsame Antwort und verdrehte kein einziges Mal die Augen, wenn er nach Dingen gefragt wurde, über die er schon unzählige Male Auskunft gegeben hatte.

Vielen mochte es erscheinen, als wäre das »Produkt« David Garrett ganz gezielt von einem Management entworfen worden. Doch David vertrat diese Marke nicht nur im Sinne anderer, sondern vor allem für sich selbst. Der ganz große Erfolg war in greifbare Nähe gerückt und David setzte alles daran, um auch die letzten Meter bis zur Ziellinie zu schaffen.

Für David war der Erfolg jedoch nicht allein auf Goldene Schallplatten und finanziellen Wohlstand ausgerichtet, für ihn stand nach wie vor die Umsetzung seiner Vision im Mittelpunkt, die Fortsetzung dessen, was ihn fünf Jahre zuvor bei den »Night of the Proms« so berührt hatte. Diese Motivation gab er auch immer wieder in Interviews an, auch wenn sich die Gespräche ansonsten überwiegend um seine Kleidung und seinen Haarschnitt drehten. »Ich möchte ein junges Publikum haben«, wurde David nicht müde zu betonen. Er wolle dem normalen Klassik-Publikum nicht zu nahe treten, aber es müsse etwas danach kommen. Er sei überzeugt, da etwas bewirken zu können.

Dies waren keine lapidar gesprochenen Worte, denn während er in den Augen des Publikum nun als Unterhaltungskünstler galt, war er noch immer tief in der klassischen Musik verwurzelt und sich seiner musikalischen Fähigkeiten sehr wohl bewusst. Er sei der festen Überzeugung, stellte David in Interviews heraus, seine Vision besser umsetzen zu können, als es einem anderen Künstler möglich wäre – sowohl hinsichtlich der Qualität der Musik als auch in Bezug auf eine breitentaugliche Resonanz der Darbietung, wobei gerade ein junges weibliches Publikum als Zielgruppe sicher schien. »Kein Mädchen kauft sich eine CD, weil sie die Musik gut findet. Meist geht es über ›ich find den süß!‹ So ist es halt, ich habe die Regeln nicht gemacht.« Jedem anderen klassischen Musiker wäre eine solche Äußerung vermutlich übel genommen worden, bei David ließ man sie durchgehen. Vorerst jedenfalls, denn es sollte noch eine Weile dauern, bis man ihn kritisierte. Bislang war man noch viel zu überrascht von dem neuen Stern, der eben erst aufgegangen war.

Außerdem erbrachte David im Jahr 2008 für seine These auch den Beweis. Hatte er propagiert, dass es möglich sei, auch junge Menschen für klassische Musik zu begeistern, ohne dabei Abstriche in der Qualität zu machen, so spielte er bald auf der Bühne vor exakt einem solchen Publikum virtuos sein Repertoire. Hatte er behauptet, klassische Musik sei auch Entertainment, so präsentierte er sich bei seinen Auftritten erfolgreich als Künstler, der die Zuhörer zu unterhalten wusste und sie durch seine Ausstrahlung in seinen Bann zog.

Auf der Bühne stand David von nun an eigentlich ständig, bildeten Konzerte doch das Kerngeschäft der DEAG. Die CDs und die vielen TV-Auftritte dienten im Grunde allein dazu, mit dem Künstler die Konzerthallen zu füllen. Und genau das erfolgte in beeindruckendem Maße. Im Frühjahr 2008 brach David mit seinem Crossover-Material zu einer großen Deutschlandtournee auf. Die kurze Zeit seit der Veröffentlichung des *Virtuoso*-Albums hatte ausgereicht, um einen regelrechten Hype zu entfachen. Wer an der Abendkasse noch schnell ein Ticket erstehen wollte, musste in der Regel draußen bleiben – die Tour war ausverkauft.

Die Sache mit dem Hummelflug

Durch den Erfolg in Deutschland bestärkt, strebte Davids Management nun nach Vermarktung im Ausland. In Großbritannien sollte es nun zu einer Episode kommen, die David vermutlich ebenso wie seine Modelkarriere in New York bis ins hohe Alter begleiten wird.

Im Mai 2008 trat David Garrett in der traditionsreichen, seit dem Jahr 1958 ausgestrahlten britischen Kindersendung *Blue Peter* auf. Dort hatte er die Aufgabe, für das junge Publikum den *Hummelflug* des russischen Komponisten Nikolai Rimski-Korsakow möglichst schnell auf seiner Geige zu spielen. Der *Hummelflug* ist ein orchestrales Interludium, also ein musikalisches Zwischenspiel, aus der Oper *Das Märchen vom Zaren Saltan*. Während die Oper selbst in westlichen Ländern kaum aufgeführt wurde, erreichte das melodisch nachgebildete Umherschwirren einer Hummel einen hohen Bekanntheitsgrad. Das an sich schon temporeiche Stück wurde für Zuhörer noch interessanter, wenn ein Musiker versuchte, es besonders schnell vorzutragen – und bei dem Geiger kaum mehr nachzuvollziehen war, wie er es schaffte, dem Instrument so viele Noten in so kurzer Zeit zu entlocken.

Nun also sollte David den kleinen Fernsehzuschauern zeigen, wie rasant sich der *Hummelflug* tatsächlich spielen ließ. Diese Demonstration sollte spontan wirken, war aber geplant, denn bei der Sendung waren auch zwei offizielle Vertreter von Guinness World Records anwesend, dem Herausgeber des Guinnessbuchs der Rekorde.

Deren Stoppuhr lief während Davids Vortrag mit und am Ende staunte nicht nur das Publikum: David hatte das Stück in 66,56 Sekunden gespielt, das entsprach einem Schnitt von 13 Noten in der Sekunde. Was als Spaß gedacht war, war nun offizieller Weltrekord. David Garrett, das einstige Wunderkind und das in Deutschland gerade zur neuen Klassikhoffnung avancierte Phänomen, trug den Titel des schnellsten Geigers der Welt.

Was allerdings in der Musikwelt nicht als Auszeichnung angesehen wurde – war doch Geschwindigkeit kaum der Maßstab für die Qualität der Darbietung. In der klassischen Musik werden Künstler danach bewertet, ob sie ein Werk perfekt interpretieren und ihm darüber hinaus eine persönliche Note verleihen. Eine Meinung, die auch David vertritt. Er lächelte über die Auszeichnung, nahm sie aber ebenfalls nicht weiter ernst.

Die große Resonanz der Medien auf dieses Ereignis kam für David unerwartet. Mit dem Rekord hatte die Presse einmal mehr etwas gefunden, was sie für bedeutender hielt als Davids eigentliche musikalische Leistung. In nahezu jedem Interview wurde David nun nicht mehr nur als der schönste, sondern auch als der schnellste Geiger der Welt angekündigt. Der Künstler selbst begegnete dieser Charakterisierung mit dem gewohnten freundlichen Charme, ohne auch nur einmal die Contenance zu verlieren. Dass ihm sein neuer Medientitel nicht wirklich gefiel, konnte trotzdem jeder ahnen, der ihn beobachtete.

Umso überraschender war es, dass David seinen eigenen Rekord noch einmal anging. Im Dezember trat er in der Guinness-World-Records-Show in Deutschland auf. Man hatte ihn eingeladen, da er zu den neuen Rekordhaltern des Jahres 2008 zählte, und bat ihn, den *Hummelflug* noch einmal zu spielen. Zu seiner eigenen Verwunderung und zur Überraschung aller Zuschauer unterbot David dabei den von ihm selbst aufgestellten Rekord um 1,3 Sekunden – die Stoppuhr zeigte 65,26 Sekunden an. Danach jedoch ließ sich David nicht mehr auf solche Experimente ein. Den Titel des schnellsten Geigers der Welt sollte er dennoch bis 2010 behalten, dann setzte der britische Violinist Ben Lee eine neue Rekordmarke.

Es waren also zwei kaum mehr als eine Minute lange Momente, die die öffentliche Wahrnehmung des David Garrett im Jahr 2008 prägen sollten. Tatsächlich aber bewältigte der Musiker in jenem Jahr ein umfangreiches Programm. Er war im Grunde pausenlos unterwegs, seine Freizeit begrenzte sich auf ein Minimum – ein Rhythmus, der sich bis heute nicht geändert hat.

Nach seiner ausverkauften Frühjahrstournee durch Deutschland absolvierte er, wie schon im Jahr zuvor, eine klassische Tour mit einer Pianistin, ging in den USA auf Tournee und spielte im September mit dem BBC Concert Orchestra bei der Veranstaltung »Proms in the Park« vor 40 000 Zuhörern in London. Im November startete er eine weitere Tournee durch Deutschland, die bis Ende Januar 2009 dauern sollte.

Neben seinen Konzertreisen standen die Aufnahmen für das Nachfolgealbum von *Virtuoso* an. Diesmal sollte es sich nicht um eine aufgefrischte Version existierenden Materials handeln, sondern um eine CD mit neuen Stücken.

Das neue Album trug den Titel *Encore*, was im Englischen schlicht »Zugabe« bedeutet. Tatsächlich fiel diese Zugabe großzügig aus: Hatte *Virtuoso* noch elf Titel verzeichnet, waren auf dieser CD nun 16 Stücke zu hören. Vor allem aber hatte David sein Crossover-Konzept noch einmal verfeinert. Nun standen seine Interpretationen von Rock- und Pophits im Vordergrund. Der erste Titel des Albums war *Smooth Criminal* von Michael Jackson, darauf folgte mit *Who Wants to Live Forever,* ein Titel von Davids Langzeitfavoriten Queen, der für den Film »Highlander« geschrieben worden war. Erst an dritter Stelle war mit *Clair de Lune* von Debussy eine klassische Komposition zu hören. Diese wurde abgelöst von *He's A Pirate*, dem wohl bekanntesten Stück aus dem Hollywood-Spielfilm »Fluch der Karibik« mit Johnny Depp. Als weitere Titel aus dem Bereich der populären Musik erschienen auf der CD zum Beispiel *Ain't no Sunshine* von Bill Withers und *Thunderstruck* von AC/DC.

Spurensuche bei Michael Jackson

Dass ein Hit von Michael Jackson den Einstieg in das Album *Encore* bildete, kam für viele Hörer überraschend. Aus heutiger Sicht wäre hinter dieser Entscheidung leicht eine Marketingstrategie zu vermuten. Zu jener Zeit jedoch war der »King of Pop« noch am Leben, erschien aber kaum mehr in der Öffentlichkeit. Wenn er mal auf sich aufmerksam machte, dann schon längst nicht mehr wegen seiner Musik, sondern wegen seines ungewöhnlichen und oft kritisierten Lebensstils.

David Garrett jedoch galt Michael Jackson als einer der großen Künstler der Gegenwart. Nicht nur das: Er fühlte sich mit dem Star verbunden und entdeckte Gemeinsamkeiten zwischen dem Leben des Popsängers und seiner eigenen Geschichte. Unmittelbar nach dem Tod von Michael Jackson sprach Garrett in einem Interview, das im Online-Portal der Zeitung *Die Zeit* veröffentlicht wurde, über diese Verbindung und gab dabei auch Einblick in seine eigene Persönlichkeit, denn anhand der Beschäftigung mit der Lebensgeschichte Micheal Jacksons machte Garrett sich auch auf Spurensuche nach dem eigenen Ich.

In den Grundzügen lassen sich in den Lebensläufen von Jackson und Garrett tatsächlich viele Übereinstimmungen feststellen. David begann als Vierjähriger Geige zu spielen, Michael Jackson stand im Alter von fünf Jahren bereits mit seinen Geschwistern auf der Bühne. David wurde von seinem Vater zu ständigem Üben gedrängt, Vater Jackson schlug mit dem Gürtel zu, wenn sein Sohn nicht hart genug für den nächsten Auftritt probte. David war bereits in jungen Jahren fast ausschließlich von Erwachsenen umgeben, Michael Jackson verlor seine Kindheit, während er mit seinen Geschwistern als »The Jackson Five« durch die Lande tourte.

Kein Wunder also, dass David Garrett in jenem Interview viel Verständnis für den oft belächelten »King of Pop« aufbrachte, den er als Komponisten und Musiker achtete und sogar als klassischen Künstler bezeichnete. »Er hat schon als junger Mann Karriere gemacht. Das heißt auch, dass er sehr bald von vielen Leuten fremdbestimmt wurde«, sagte David in dem Gespräch. Außerdem sei es für Jackson schwierig gewesen, ein natürliches Selbstbewusstsein zu entwickeln, da er so früh zum Megastar avancierte. »Das ist ein langsamer Prozess, zu dem auch gehört, dass man lernt, sich – vor allem in den Teenagerjahren – in seinem eigenen Körper wohlzufühlen.« Hinter den für Michael Jackson typischen Selbstinszenierungen vermutete David einen Schutzmechanismus, der ein Selbstbewusstsein vortäuschen sollte, weil der Widerspruch zwischen Eigenwahrnehmung und Fremdwahrnehmung nur schwer zu verarbeiten war. Zu jener Zeit wusste David bereits sehr gut, wovon er sprach, erlebte er doch selbst gerade, wie sich sein Image als schönster und schnellster Geiger von seiner Person als virtuoser Violinist abkoppelte.

Dass David damit umgehen konnte, lag vor allem an der selbst gewählten Auszeit, an dem Ausbrechen aus Zwängen und dem Eintauchen in die normale Welt. Michael Jackson, so Garrett, habe genau das nie geschafft, sondern vielmehr fast schon zwanghaft versucht nachzuholen, was doch schon unwiederbringlich verloren war. »Er hat sein ganzes Leben gesucht, was man als Kinderstar verliert: die Kindheit. Wer sich damit emotional nicht abfinden kann, läuft dieser verlorenen Kindheit das ganze Leben hinterher. Ich glaube, das war die Tragik seines Lebens – und seines Sterbens.«

David zeichnete von Michael Jackson aber nicht nur das Bild einer bedauernswerten Persönlichkeit, die am eigenen Ruhm zerbrach. Er sprach auch davon, wie sehr er dessen musikalisches Werk schätzte. Jackson sei ein unglaublich talentierter Mensch gewesen, der vielleicht gerade damit am Ende nicht mehr zurechtgekommen war. »Wenn man so begabt ist wie er, ist es sehr schwierig, der Verantwortung seinem eigenen Talent gegenüber gerecht zu werden. Viele Künstler zerbrechen daran, und ich fürchte, genau das ist ihm passiert.«

Talent, so sah es Garrett, sei nicht nur ein Geschenk, es könne den Menschen auch überfordern. Michael Jackson hatte mit seinem Talent Melodien geschaffen, die weltweit Millionen begeisterten. Doch der Versuch, das bereits erreichte Optimum noch weiter zu steigern, musste zum Scheitern verurteilt sein. Von Micheal Jackson wurden Meisterleistungen verlangt, die das bereits Geschaffene noch übertreffen sollten. Er selber erwartete von sich das Gleiche – und scheiterte an diesen Ansprüchen.

Michael Jackson war in Davids Augen weit mehr als ein Popkünstler. Er hielt ihn vielmehr für einen Meister seines Faches und für jemanden, der sich durchaus mit großen klassischen Künstlern messen konnte. Michael Jackson habe sich vor allem in Hinblick auf den von ihm betriebenen Perfektionismus sogar an der Klassik orientiert. »Wenn man seine Platten hört, die Art, wie alles zusammengestellt ist, die Arrangements und auch sein Gesang, stellt man fest, dass er fast ein bisschen wie Jascha Heifetz war.«

Heifetz zählte zu den herausragenden Geigenspielern des 20. Jahrhunderts. Sein Spiel war für absolute Präzision bekannt. Heifetz interpretierte klassische Kompositionen in einem äußerst individuellen Stil im Geist der neuen Zeit. In dem Gespräch räumte David ein, dass der Vergleich zwischen Michael Jackson und Heifetz gewagt war, doch sei auch Michael Jackson kompromisslos gewesen, wenn es um den richtigen Klang seiner Musik und seines Gesangs ging. »Wenn man selber diese Perfektion sucht, entsteht ein enorm hoher Druck, diesem allem über Jahre hinweg gerecht zu werden. In der Hinsicht war Jackson ein echter Klassikerkünstler.«

Am Ende des Gesprächs brachte die Auseinandersetzung mit dem Leben Michael Jacksons auch einen der seltenen Einblicke in Davids Gefühlswelt hervor. Das Gefühl der Einsamkeit, das Michael Jackson thematisierte, begleitete auch David seit frühester Kindheit und kehrte nun nach den vergleichsweise wilden Jahren des Studentenlebens wieder zurück. »Diese Einsamkeit kann ich sehr gut nachvollziehen. Je mehr Menschen dich kennen, desto mehr ziehst du dich zurück. Die ganz normale Freundschaft wird umso schwieriger, je populärer man wird. Weil jeder, der dich anruft, irgendetwas von dir will. Das kann schon sehr entmutigend sein.«

Diese Aussage war nur eine kurze Momentaufnahme in der Frühzeit der zweiten Karriere von David Garrett, doch man sollte sie nicht unterschätzen. Später sprach Garrett kaum noch davon. Allerdings sollte bei den heutigen Medienauftritten des Künstlers nicht vergessen werden, dass hinter der professionell fröhlichen Fassade ein Mensch verborgen bleibt, der nur zum Teil mit dem Star identisch ist – schon allein deshalb, weil David sich fortan noch mehr in die Arbeit vertiefen sollte und nahezu jeden Tag im Kalender mit Konzerten oder Vorbereitungen auf Projekte füllte.

Der Star wird zum Superstar

Das Jahr 2008 endete so erfolgreich, wie es kaum für möglich gehalten worden war. David verzeichnete ausverkaufte Konzerte, erhielt Anerkennung von allen Seiten und bekam mit dem ECHO Klassik einen der renommiertesten Musikpreise verliehen. Doch das im November 2008 veröffentlichte Album *Encore* übertraf alle Erwartungen. Nicht nur, dass es bis auf Platz sieben der Charts nach oben schnellte – es hielt sich mehr als zwei Jahre in der Verkaufshitparade und zog in dem Sog der Begeisterung auch noch den Crossover-Erstling *Virtuoso*.

Besonders deutlich durften Fans den Erfolg des Virtuosen am 14. Januar 2009 erleben. Beim drittletzten Konzert der im Vorjahr begonnenen Tournee bekam David Garrett im Berliner Tempodrom plötzlich Besuch auf der Bühne. Ihm wurde eine Auszeichnung überreicht, die verdeutlichte, wie viel er innerhalb der kurzen Zeit von gut einem Jahr erreicht hatte. David bekam an jenem Abend nicht eine, sondern gleich zwei Goldene Schallplatten verliehen – eine für *Virtuoso* und eine für *Encore*, die sich jeweils mehr als 100 000 Mal verkauft hatten. Goldglänzende Beweise für die Tatsache, dass sich von Crossover-CDs, anders als einst prophezeit, mehr als fünf Exemplare absetzen ließen.

Erneut hätte mancher in jenem Moment gedacht: »Geschafft! Jetzt erst einmal zurücklehnen.« Nicht so David Garrett, er handelte nach dem Motto »Keine Atempause«. Das immer noch auf der Homepage der Plattenfirma Universal festgehaltene Konzertpensum David Garretts aus dem Jahr 2009 zeigt ein Programm, das Verwunderung darüber auslöst, wie es ein einzelner Mensch bewältigen kann: »Auftritte mit der Deutschen Staatsphilharmonie Rheinland-Pfalz unter Ari Rasilainen, anschließend Hong-Kong-Reise. Erneut Recital-Tour mit Milana Chernyavska. Er spielt mit dem Prager Kammerorchester Max Bruchs erstes Violinkonzert. Auftritt mit dem Orchester der Deutschen Oper Berlin

David Garrett als 14-Jähriger:
Ein Jahr zuvor hatte das Wunderkind seinen ersten Plattenvertrag unterschrieben.

Spielen unter Schmerzen:
Mit 17 Jahren hatte David Garrett bereits einen Bandscheibenvorfall hinter sich.

Grundstein des Erfolgs: Die Auftritte bei »Night of the Proms« prägten Garrett und schufen die Basis für sein Crossover-Konzept.

Früh übt sich: 2001 waren die Harre noch kurz, doch der Blick erinnerte schon an den David Garrett, der später seinen Fans vom CD-Cover entgegenblicken sollte.

Der neueste Look: So präsentierte sich Garrett im Sommer 2013 in der Öffentlichkeit. Hier bei der Mercedes-Benz Fashion Week.

Eines der seltenen Familientreffen: Mutter Dove-Marie, David, Vater Georg Peter und Bruder Alexander (v.l.n.r.).

Virtuosen unter sich: David Garrett mit seinem Mentor und Lehrer Itzhak Perlman (o.).
Unzertrennlich: Wo immer Garrett ist, ist auch seine Geige (r.).

Weggefährten und Wegbereiter: Große Künstler wie Ida Haendel (l.) und Isaac Stern (r.) arbeiteten mit dem jungen David Garrett und perfektionierten sein Spiel.

Erfolgsverwöhnt: Im März 2011 wurde David Garrett bereits zum zweiten Mal mit dem Musikpreis ECHO geehrt.

Original und Fälschung: Bei Madame Tussauds in Berlin lässt sich Garrett als Wachsfigur bestaunen – auch wenn die optisch und musikalisch nicht ganz mit dem Original mithalten kann.

Ausgezeichnet: Im März 2011 verlieh Ministerpräsidentin Hannelore Kraft (l.) dem Stargeiger den Verdienstorden des Landes Nordrhein-Westfalen.

Das gibt es nicht jeden Tag: David Garrett und sein Vater Georg Peter Bongartz spielen gemeinsam auf der Bühne.

Gern gesehener Gast im Fernsehen: David Garrett mit Thomas Gottschalk und Michelle Hunziker im November 2011 bei »Wetten, dass..?«.

Mit der Oma als Glücksbringer: Beim Prominenten-Special von »Wer wird Millionär?« schlug David Garrett sich im Jahr 2009 achtsam.

Immer ein Bühnenereignis: Ob Klassik oder Crossover – bei seinen Konzerten begeistert David Garrett das Publikum.

Musik trifft Sport: Nachdem Garrett die Nationalhymnen gespielt hatte, schlug Deutschland bei einem Freundschaftsspiel die Niederlande mit 3:0.

Dem Vorbild auf der Spur: Im Kinofilm *Der Teufelsgeiger* übernahm David Garrett mit dunkel gefärbten Haaren die Rolle des großen Niccolò Paganini.

In seinem Element: David Garrett war nicht nur der Hauptdarsteller, er schrieb auch die Filmmusik und spielte selbst alle Paganini-Kompositionen auf der Geige.

unter Yves Abel sowie Konzert beim Bonner Beethovenfest. Er konzertiert bei den Musikfestspielen Saar zusammen mit dem Bruckner Orchester Linz unter Dennis Russell Davies. Bei den Ludwigsburger Schlossfestspielen, dem Schleswig-Holstein Musikfestival und dem Klavierfestival Ruhr gastiert David Garrett gemeinsam mit Gautier Capuçon und Jean-Yves Thibaudet. Konzert in der Zürcher Tonhalle mit dem Zürcher Kammerorchester und Muhai Tang. Gastspiel in München mit den Wiener Symphonikern unter Philippe Jordan.«

Tatsächlich handelt es sich bei diesen Angaben nur um einen kleinen Ausschnitt der Projekte, die David Garrett 2009 abwickelte. Der Künstler schien allgegenwärtig. Am 9. Februar stand er nicht auf der Bühne, sondern auf dem Fußballrasen und spielte bei der Eröffnung der Rhein-Neckar-Arena vor den Fans des Fußballbundesligisten TSG 1899 Hoffenheim *He's A Pirate* von seinem Erfolgsalbum *Encore*. Am 4. April begleitete er die Taufe des Kreuzfahrtschiffes »AIDAluna« auf Mallorca mit einem Violinkonzert. Exakt einen Monat später spielte er zum Auftakt des Festaktes »60 Jahre Bundesrepublik Deutschland – 20 Jahre Mauerfall« vor versammelter politischer Prominenz im Deutschen Theater Berlin.

Außerdem standen zahllose PR- und TV-Termine auf dem Programm. So fungierte David zum Beispiel trotz aller Umtriebigkeit als Pate bei dem von dem Kinderkanal KiKA veranstalteten Wettbewerb »Dein Song« und nahm zusammen mit der jungen Klavierspielerin Katharina deren selbst komponiertes Lied *Good Times* auf. In einem Prominenten-Special der RTL-Sendung *Wer wird Millionär?* bekam das Publikum erstmals Gelegenheit, ein Mitglied aus Davids Familie kennenzulernen: David brachte als Glücksbringer seine Großmutter mit. Das reichte, um bei einigen verbrauchten Jokern immerhin bis zur 64 000-Euro-Frage zu gelangen.

Ein großer Teil von Davids Aktivitäten konzentrierte sich auf den deutschsprachigen Markt, der ihm ohnehin schon zu Füßen lag. Dennoch verloren der Künstler und sein Management den Weltmarkt nicht aus den Augen. Im Fokus der Bemühungen, das Crossover-Projekt zu etablieren, standen die USA. Im Juni 2009 wurde dort das Album *Encore* veröffentlicht. Da das Vorgängeralbum in den USA nicht erhältlich war und der Titel *Encore* somit keinen Zusammenhang bot, erschien die CD schlicht unter dem Namen *David Garrett*. Um die Erfolgsaussichten des Albums zu vergrößern, absolvierte David zudem eine Tournee in den USA. Das Album kam trotz aller Bemühungen nicht über eine Platzierung auf dem 116. Rang der US-Charts hinaus. Dennoch war dies immerhin ein Achtungserfolg. Und in anderen Ländern lief die Karriere ja perfekt – zumindest in geschäftlicher Hinsicht.

Erfolg hat bekanntlich Neider. Daher wurde es im Jahr 2009 langsam auch schick, sich über David zu mokieren. In der konservativen Welt der klassischen Musik war man noch immer nicht bereit, das Crossover-Projekt zu akzeptieren. Während Davids Fans jeden seiner Auftritte mit Begeisterung verfolgten, wurde innerhalb des klassischen Bereichs immer deutlicher Ablehnung artikuliert. Viele Kritiker glaubten zu erkennen, dass der erwachsene David zwar gut, jedoch lange nicht so hervorragend Geige spielte, wie es von einem einstigen Wunderkind zu erwarten war. Andere empfanden es schlichtweg als Frechheit, dass sich Brahms auf einer CD den Platz mit Michael Jackson teilen musste.

Überwiegend nahmen die Kritiker jedoch an Davids Erscheinungsbild Anstoß. In einer Gesellschaft, die Menschen nach ihrem Äußeren beurteilt, galt es vielen als undenkbar, dass ein gut aussehender junger Mann mit immer länger werdenden Haaren und modischer Kleidung ein guter klassischer Musiker sein konnte. In der Gedankenwelt der klassischen Musikszene trug ein echter Virtuose – wenn überhaupt – wirres und schütteres Haar und war auch in seiner Freizeit mit einem Frack bekleidet. Schon gar nicht würde ein echter Künstler auf Weltrekordjagd gehen – so etwas erschien einfach unwürdig.

Viele der Kritiker hatten nicht das Konzept durchschaut, das David früh entdeckt hatte und nun ausgiebig für die Verbreitung seiner erklärten Mission nutzte: David setzte auf Marketing. Oft genug stellte er die Notwendigkeit dieser Strategie in Interviews heraus, ebenso oft wurde diese Botschaft jedoch überhört. Ohne Vermarktung sei es inzwischen nicht mehr möglich, Menschen Neues zu vermitteln. Diese Erkenntnis sei außerdem gar nicht so neu, Yehudi Menuhin und Jascha Heifetz hätten vergleichbare Bemühungen unternommen, in ihrer Generation ein neues Publikum anzusprechen.

Immer wieder wandte sich David direkt gegen jene Klientel, die immer noch der Ansicht war, eine klassische Konzertveranstaltung könne allein durch die großartige Musik ein breit gefächertes Publikum anlocken. Wenn man sich nicht für die Sache und für die Musik starkmache, so David, könne man auch nicht erwarten, dass junge Menschen die Säle füllten.

Die Tatsache, dass es auch in Deutschland seit dem Zweiten Weltkrieg immer wieder herausragende klassische Musiker gegeben hatte, die vergleichbare Wege beschritten hatten, erwähnte David nicht, und von den meisten Kritikern war dieser Umstand vergessen worden.

Wurzeln des Crossover

Wenn man Davids Konzept des Brückenbaus zwischen klassischer und populärer Musik betrachtet, stößt man in der jüngeren deutschen Musikgeschichte gleich auf mehrere Künstler mit vergleichbaren Ambitionen. Die einen banden Schlager in ihr Repertoire ein, andere wie David die Rockmusik.

Das schillerndste Beispiel ist Peter Hofmann. Der Tenor gelangte vor allem durch Rollen in Wagneropern zu Weltruhm, seine Engagements führten ihn in die großen Opernhäuser von New York und Paris. Doch der 1944 geborene Hofmann verbarg nie seine Liebe zur Rockmusik. Schon als 16-Jähriger hatte er sich als Sänger und Gitarrist in einer Rock-and-Roll-Band verdingt. Zudem verliehen ihm sein hünenhafter Körperbau und die auch im Erwachsenenalter lang getragenen, blonden lockigen Haare das Erscheinungsbild eines Rockstars. Parallel zu seiner Karriere als Opernsänger veröffentlichte Hofmann 1982 das Album *Rock Classics*, das unter anderem die Titel *Yesterday*, *Sailing* und *The House of the Rising Sun* enthielt. Auch damals schüttelte mancher Klassikliebhaber entsetzt den Kopf, doch die Schallplatte verkaufte sich so gut, dass Hofmann dafür zweimal mit Platin ausgezeichnet wurde. Insgesamt brachte Hofmann bis 1998 elf Alben mit Rock- und Popmusik heraus.

Auch über den langen Haarschnitt hinaus präsentierte sich Hofmann anders, als es dem typischen Erscheinungsbild eines klassischen Musikers entsprach. Ähnlich wie David Garrett setzte Hofmann sich in Szene. Er trug Lederkleidung und posierte für Fotografen auf Motorrädern.

Vermutlich wäre Peter Hofmann heute einer der größten Bewunderer von Davids Crossover-Projekt. Ab den 1990er-Jahren litt der Sänger jedoch unter der Parkinsonkrankheit, im späteren Stadium konnte er nicht mehr sprechen oder sich selbstständig ernähren. Peter Hofmann starb am 30. November 2010.

Andere Musiker, die verschiedene Musikstile verbanden, waren vielleicht weniger beindruckend als Peter Hofmann, jedoch wurden auch sie nie müde, diesen Ansatz zu verbreiten. Gilt der Schlager heute als ähnlich altmodisch wie die klassische Musik, stellte er in den 1960er- und 1970er-Jahren eine moderne Musikrichtung dar, der die Künstler ihr Augenmerk zuwandten.

Der deutsche Opernsänger René Kollo begeisterte wie Hofmann auf den Bühnen der Welt. Doch auch ihm waren die Grenzen der klassischen Musik zu eng. Tatsächlich begann er seine Karriere als Schlagersänger mit einer deutschen Version von *Hello Mary Lou* und nahm auch an einer Vorentscheidung zum Grand Prix Eurovision de la Chanson, dem heutigen Eurovision Song Contest, teil. Als er später vor allem Opern von Mozart oder Verdi sang und als Regisseur die Oper *Parsifal* inszenierte, hielt er an seiner Liebe zur »leichten Muse« fest und arbeitete mit Udo Jürgens und James Last zusammen.

Ein drittes Beispiel für Musiker aus dem Bereich der Klassik, die auch andere Musikstile pflegten, ist Anneliese Rothenberger, die ein Liebling der Nation war – und gleichzeitig erklärtes Feindbild vor allem junger Menschen. Die 1926 geborene Sopranistin wurde in den 1950er-Jahren zu einem der ersten deutschen Weltstars ihrer Zeit. Sie unternahm Konzertreisen durch Nord- und Südamerika, sang in der Metropolitan Opera in New York und war gern gesehener Gast im amerikanischen Fernsehen. An der Mailänder Scala wurde sie ebenso bejubelt wie bei ihren Auftritten in Japan oder in Großbritannien.

Darüber hinaus war Anneliese Rothenberger der Unterhaltungsmusik zugeneigt. Sie spielte in deutschen Musikfilmen mit und trat als Moderatorin auf. Kritik erntete sie später vor allem für ihre ab 1971 ausgestrahlte Fernsehsendung »Anneliese Rothenberger gibt sich die Ehre«, in der sie neben klassischer Musik auch Schlager und Volksmusik präsentierte. Auch hinter diesem Konzept stand die Absicht, die Grenzen zwischen den Musikrichtungen aufzulösen, doch Rothenbergers betuliche Sendung verkam zum Inbegriff der spießigen und verstaubten deutschen Fernsehunterhaltung. Nichtsdestotrotz gehört die 2010 verstorbene Sängerin zu jenen Figuren, die die klassische Musik einem größeren Publikum näherbringen wollten und dabei auf aktuelle Unterhaltungsmusik setzten.

Es gab also bereits lange vor David auch in Deutschland Menschen mit ähnlichen Gedanken und Plänen. Allerdings existierte zwischen ihnen und dem kometenhaften Aufstieg des Violinisten ein markanter Unterschied: Die Genannten setzten allesamt auf ihre Stimmen – und gesungene Musik fand schon immer mehr Liebhaber als reine Instrumentalstücke.

International gab es jedoch bereits vor David Garrett Violinisten, die die Kluft zwischen klassischer und Unterhaltungsmusik zu überbrücken versuchten. Sie erzielten dabei durchaus unterschiedliche Resultate.

Zu den bekanntesten Geigern, die sich jenseits der Klassik versuchten, zählt der 1956 geborene Nigel Kennedy. Er erhielt ab dem Alter von sechs Jahren Geigenunterricht, später wurde er wie David Garrett zeitweise von Yehudi Menuhin unterrichtet und auch Kennedy ist Absolvent der New Yorker Juilliard School. Anschließend machte er als klassischer Violinist Karriere und spielte in allen großen Konzerthäusern der Welt. Bekannt wurde er in den 1980er-Jahren jedoch vor allem dadurch, dass er mit einer Punkfrisur auftrat – Kennedy wurde zum ersten Enfant terrible der Klassik. Seine Aufnahme von Vivaldis *Vier Jahreszeiten* von 1989 gilt mit drei Millionen verkauften Exemplaren als meistverkauftes Klassikalbum aller Zeiten. Neben seiner klassischen Karriere widmete sich Kennedy auch der Pop- und Jazzmusik. Auf seinen Konzerten spielt er heute neben Beethoven oder Bach auch Stücke von Peter Gabriel oder von The Doors. Im Jahr 1998 arrangierte er Songs von Jimi Hendrix neu und veröffentlichte sie 1999 als Album.

Eine besonders schillernde Persönlichkeit, die die Grenzen klassischer Musik überschreitet, ist die in Singapur geborene und in Großbritannien lebende Violinistin Vanessa-Mae. Sie begann im Alter von fünf Jahren Geige zu spielen und stand als Zehnjährige mit dem London Philharmonic Orchestra auf der Bühne. In Deutschland wurde sie jedoch vor allem durch die 1995 veröffentlichte CD *The Violin Player* bekannt, die von Kritikern als Techno-Pop-Album bezeichnet wurde. Die CD wurde von dem Popmusiker Mike Batt produziert, der unter anderem den Hit *Bright Eyes* für Art Garfunkel komponierte. Außerdem arbeitete Vanessa-Mae an einem Album von US-Star Prince mit. Wirklich berühmt wurde sie allerdings nicht durch ihre Musik, sondern durch ihr blendendes Aussehen – und dadurch, dass sie häufig recht freizügig für Fotografen posierte. Nach wenigen Jahren verblasste der Stern der Künstlerin. Jüngsten Nachrichten zufolge plant Vanessa-Mae nun eine zweite Karriere als Sportlerin mit der Absicht, 2014 bei den Olympischen Winterspielen in Slalom und Riesenslalom für Thailand anzutreten.

Mit einem Violinisten wurde David Garrett in den Medien immer wieder gerne verglichen, wobei dieser Vergleich durchweg als Beleidigung gemeint war: André Rieu genoss ebenfalls eine klassische Violinausbildung. Die Projekte, die er danach verfolgte, machten ihn zwar bei einem breiten Publikum beliebt, jedoch haben sie wenig mit einem Crossover-Konzept zu tun. Vielmehr spielte sich Rieu ab den 1990er-Jahren vor allem in die Herzen älterer Damen, indem er mit seinem 50-köpfigen Orchester Melodien des Walzerkönigs Johann Strauss zum Besten gab.

In Interviews, in denen David Garrett zu den drei genannten Violinisten befragt wurde, wurde schnell deutlich, dass er sich nicht in deren Tradition sah – vor allem weil er sie nicht für wirklich gute Geiger hielt. Lediglich die Fähigkeiten von Nigel Kennedy erhielten von Garrett zuweilen Anerkennung, von den Künsten von Vanessa-Mae und André Rieu zeigte er sich ganz und gar nicht beeindruckt. Zudem hatte keiner dieser Violinisten den Versuch der Vereinigung der Musikstile so durchdacht entwickelt und umgesetzt, wie David Garrett es seit 2007 tat.

Zurück zu den Ursprüngen

Im Jahr 2009 erreichte der Erfolg David Garretts ungeahnte Ausmaße. Diese Entwicklung wurde jedoch auch dadurch bedingt, dass der Musiker völlig unerwartet den Kampf für sein Crossover-Konzept unterbrach.

Nach den erfolgreichen Alben *Virtuoso* und *Encore* schien es nur konsequent, möglichst schnell eine weitere CD folgen zu lassen. Auch die Art und Weise, wie diese konzipiert sein müsste, lag auf der Hand: Man musste nur ein weiteres Mal die gesamte Bandbreite von Pop- und Rocksongs durchstöbern und die entsprechende Auswahl treffen – vielleicht ein Stück von den Rolling Stones und ein Titel von Meat Loaf sowie ein paar aktuelle Hits von Interpreten wie Lady Gaga oder Robbie Williams, dann als Klassik-Alibi etwas Mozart oder Brahms eingestreut, fertig. Ein nach einem solchen Erfolgsrezept zusammengestelltes Album wäre von der steigenden Anzahl Fans begeistert aufgenommen worden und hätte sich hunderttausendfach verkauft.

Ob bereits ein konkretes Konzept für ein solches Album vorgelegen hatte, ist nicht bekannt. Dass eine CD dieser Form jedoch den Wünschen der Plattenfirmen entsprochen hätte, ist mit größter Wahrscheinlichkeit anzunehmen. Allerdings hätten diese Pläne natürlich die Kooperationsbereitschaft von David Garrett vorausgesetzt, schließlich war er der Star, der die bisherigen Erfolge überhaupt erst möglich gemacht hatte. David Garrett war nun jedoch keines der jungen Popsternchen, die es nicht wagten, ihre eigene Meinung zu äußern. Er hatte sehr wohl seinen eigenen Kopf. David war bereit, für seinen Erfolg viel auf sich zu nehmen. Allzu häufig vergaß aber auch sein direktes Umfeld, dass er nicht einfach nur so Musik machte, sondern ein erklärtes Ziel verfolgte. Man kann es nicht oft genug sagen: Hinter Davids Crossover-Projekt stand die Absicht, ein großes Publikum für die klassische Musik zu gewinnen.

Als es um die Planung der nächsten CD ging, sagte er daher auch schlicht und einfach Nein zu einem neuen Crossover-Album. Er hatte in kurzer Zeit viel über Marketing gelernt und war vor allem mit seinem Publikum vertraut geworden – einem Publikum, das ihm zu Füßen lag und seine Konzerte euphorisch begleitete. David war sich sicher, dass dieses Publikum bereit war, ein klassisches Album zu genießen.

Darüber hinaus hatte David auch innerhalb seines professionellen Umfelds großen Einfluss gewonnen. Sein Stellenwert erlaubte es ihm, als Entscheider zu fungieren. Wenn David einen Plan verfolgte, dann musste die Plattenfirma diesen akzeptieren – für David herrschten nun also ganz andere Bedingungen als noch zwei Jahre zuvor. Damals konnte sich David glücklich schätzen, überhaupt eine Chance zu erhalten, jetzt konnte das Unternehmen froh sein, dass der Künstler zur Aufnahme einer weiteren CD innerhalb dieses kurzen Zeitraums bereit war. Nach den Jahren der Fremdbestimmung hatte David Garrett nun selbst die Rolle des Steuermanns inne. Die Plattenfirma willigte also in die Produktion eines klassischen Albums ein, vielleicht weil sie erwartete, dass der Name David Garrett allein für ordentliche Verkaufszahlen sorgen würde, auch wenn ein Erfolg in der Dimension der CD *Encore* nicht zu erwarten stand.

Bald schon sollte sich zeigen, dass David auch sein neues Projekt durchdacht angegangen war. Als die Aufnahmen für die später unter dem Titel *Classic Romance* veröffentlichte CD begannen, wurde deutlich, dass David nicht die Absicht hatte, sein Publikum mit schwer verdaulicher Kost zu irritieren. Es entstand ein Album, das seine Ernsthaftigkeit verbarg, indem es mit leicht konsumierbaren Melodien begann und den Hörer langsam an komplexere Stücke heranführte.

Den Einstieg in das Album bildete Antonín Dvořáks *Humoresque*, dessen musikalische Grundstruktur entfernt an den von der britischen Band Coldplay ein Jahr zuvor veröffentlichten Song *Viva la Vida* erinnerte. Durch diese Assoziation mit der Popmusik wurden klassisch nicht geschulte Hörer gut auf das neue Material vorbereitet. Um die Hörgewohnheiten der Käufer nicht überzustrapazieren, waren zudem die ersten Titel des Albums recht kurz gehalten. Auf die *Humoresque* folgte die

Méditation des französischen Komponisten Jules Massenet. Das dritte Stück auf dem Album wurde vermutlich bewusst mit einem englischen Titel versehen, um die Einstiegshürde für Konsumenten der Pop- und Rockmusik weiter zu senken. Hinter der charttauglichen Zeile *None But The Lonely Heart* verbarg sich keine zeitgenössische Komposition, sondern ein Werk von Peter Tschaikowsky, das in seiner ursprünglichen, gesungenen Version auf eine russische Übersetzung des Goethe-Gedichtes *Nur wer die Sehnsucht kennt* zurückgreift.

Die wahre Intention, die David Garrett mit diesem Album verfolgte, offenbarte sich dem Hörer erst am Ende: Den krönenden Abschluss der CD bildete das Violinkonzert von Felix Mendelssohn Bartoldy, das zu Davids Lieblingswerken zählt, seit er es als Elfjähriger zum ersten Mal mit Orchester gespielt hatte. Die Aufnahme des Konzerts auf dem Album war einerseits eine Verbeugung vor dem Komponisten, dessen Geburtstag sich 2009 zum 200. Mal jährte. Andererseits war dieses Werk genau das, was David seinem Publikum nahebringen wollte: große Kunst.

Classic Romance war also ein ambitioniertes Werk, dem das Management und die Plattenfirma des Künstlers skeptisch gegenüberstanden. Die bei den bisherigen Alben verfolgte Strategie der Kombination von leicht verdaulicher Klassik mit reichlich Popmusik hatte sich schließlich als Erfolgsmodell erwiesen, das der Künstler nach Ansicht der Unternehmen nun am besten einfach fortgeführt hätte.

Parallel zu dem das bisherige Konzept durchbrechenden Album wurde deshalb auf Filmmaterial zurückgegriffen, das während der Tourneen zu den CDs *Virtuoso* und *Encore* entstanden war. Im Oktober 2009 wurde noch vor dem Erscheinen von *Classic Romance* die DVD *David Garrett live – In Concert & in Private* veröffentlicht, die die Möglichkeit beinhaltete, aus dem bisherigen Crossover-Material noch einmal Profit zu schlagen.

Die DVD bot naturgemäß musikalisch wenig Neues, doch sollten die Filmaufnahmen den Fans des Geigers Gelegenheit geben, die Konzertatmosphäre noch einmal am heimischen Fernseher zu erleben. Immerhin waren auf der DVD auch Stücke zu hören, die von David bisher nur live gespielt worden waren und sich nicht auf den beiden CDs befanden.

Dazu gehörten *A Whole New World* aus dem Disney-Film *Aladdin* und das 1936 von Charlie Chaplin als Instrumentalstück komponierte *Smile*, das zu einem Evergreen heranwuchs, nachdem es 1954 mit einem gesungenen Text versehen worden war. 2009 war dieses Lied ins Bewusstsein von Millionen Menschen gelangt, da Jermaine Jackson es bei der Trauerfeier für seinen Bruder Michael sang.

Insgesamt bot die Live-DVD 150 Minuten David Garrett pur. Dabei nahm Bonusmaterial, das Einblick in den Tourneealltag bot, eine Stunde ein und auch ein Interview mit David Garrett war auf der DVD enthalten. Da die DVD hohe Absatzzahlen erzielte, konnte Davids Management der Veröffentlichung des *Classic-Romance*-Albums am 6. November 2009 beruhigter entgegensehen.

Von der Fachpresse wurde *Classic Romance* gemischt aufgenommen, was wohl auch daher rührte, dass mancher der Kritiker eher den Umgang mit populärer Musik gewohnt war und sich nun auf das unbekannte Terrain der Klassik wagen musste, um die Qualität von Davids Interpretationen einzuordnen. Manche Rezensionen wirkten tatsächlich seltsam unschlüssig. Statt sich mit der Musik zu beschäftigen, wies man erst einmal erneut auf den Auftritt von David Garrett bei *Wetten, dass..?* hin, sprach über die Titel der beiden vorangegangenen Werke und wandte sich abschließend nur kurz dem neuen Album zu, das vielleicht gerade noch für fehlenden Spielwitzes gerügt wurde, ansonsten aber bezüglich seiner Inhalte wenig diskutiert wurde.

Den Fans war so etwas egal, sie trafen ihre Entscheidung im Plattenladen und machten zur Überraschung vieler keinen Bogen um das neue Material. *Classic Romance* verkaufte sich so oft, dass es in den deutschen Charts Platz vier erreichte und damit den Vorgänger *Encore*, der den siebten Rang erzielt hatte, noch übertraf. *Classic Romance* erreichte also das scheinbar Unmögliche: Das klassische Album wurde überaus erfolgreich.

Eine Spur Privatleben

CD-Aufnahmen, TV-Auftritte, Tourneen und zahllose Interviews – seit dem kometenhaften Anstieg seiner Karriere war David pausenlos unterwegs. In dieser Zeit lernte er die Flugrouten über den Atlantik und den Pazifik mindestens genauso gut kennen wie andere den Weg zum Bäcker. Für ein Privatleben blieb kaum Zeit, Davids Alltag spielte sich zwischen Hotels und Bühnen ab.

Trotzdem hatte sich in Davids privater Situation eine entscheidende Veränderung ereignet. David hatte die USA zu seiner Heimat gewählt. Als Musiker war er nach wie vor vor allem in Deutschland aktiv und berühmt – tatsächlich war es für ihn dort kaum noch möglich, auf der Straße unerkannt zu bleiben. In den USA hatte er zwar einige Achtungserfolge erzielt, besonderen Status hatte er allerdings nicht erlangt. Folglich wurden die USA nun zu seinem bevorzugten Rückzugsraum, David ließ sich in New York nieder. Natürlich wohnte er nicht mehr in einem der Dormitories, jenen unkomfortablen Studentenunterkünften, in denen er zu Beginn seines Studiums genächtigt hatte.

Davids großer Bruder Alexander hatte im Jahr 2006 sein Studium an der Harvard University beendet und war ebenfalls nach New York gezogen – nicht nur, um seinem Bruder nahe zu sein, sondern auch, weil er eine Stelle bei Paul Hastings angetreten hatte, einer der größten und erfolgreichsten Anwaltskanzleien in den USA, die Niederlassungen in aller Welt betreibt. Ein wenig Bruderliebe mag bei dieser Zusammenkunft dennoch eine Rolle gespielt haben. Während Alexander eine gut dotierte Stelle annahm, jagte David im Jahr 2006 noch seinem großen Traum hinterher, und die Tatsache, dass beide sich in derselben Stadt aufhielten, führte nach langer Zeit einmal wieder zu einer Spur von Familienleben: Alexander und David teilten sich eine Wohnung.

Dieses Stück Normalität inklusive gemeinsamer Touren durch das New Yorker Nachtleben sollte jedoch nur von kurzer Dauer sein, da bald Davids Erfolg einsetzte. Im Jahr 2009 war das brüderliche Zusammenleben schon wieder Vergangenheit. David berichtete in der Zeit seines

Aufstiegs, er lebe nur noch in Hotelzimmern und sei fast nie zu Hause. Doch selbst der bekennende Workaholic erkannte schließlich, dass es so nicht weitergehen konnte, und suchte sich in New York eine eigene Wohnung.

David ließ sich in Gramercy nieder, dem Stadtviertel, das sich rund um den gleichnamigen Park erstreckt. Gramercy ist eine Gegend, die nicht unbedingt dem Bild entspricht, das man vom Wohnort eines Stars hat. Hier lebt man nicht, um nächtlichen Ausschweifungen zu frönen. Gramercy gilt als ruhige und vor allem auch sichere Wohngegend mitten in Manhattan. Der Gramercy-Park, auf den David nun aus dem Fenster seiner Wohnung blicken konnte, ist eine Besonderheit: Das rund 8000 Quadratmeter große Areal ist einer von zwei in New York existierenden Privatparks. Es befindet sich im Besitz der Eigentümer der umliegenden Häuser. Bewohner können einen Schlüssel erstehen, der ihnen Zutritt zum Park ermöglicht. Dieser Schlüssel wird jährlich ausgetauscht. Für die Öffentlichkeit ist der Gramercy-Park nicht zugänglich.

Es war also nicht nur eine ruhige, sondern auch eine exklusive Gegend, die sich David als Wohnort aussuchte. Bei dieser Wahl hatte er auch Glück gehabt. Am Gramercy-Park eine Wohnung zu finden, war ein schwieriges Unterfangen, gab es doch rund um das Areal nur zwei Adressen, in denen überhaupt Wohnraum vermietet wurde.

David bezog ein 80 Quadratmeter großes Apartment, das er schlicht, aber stilvoll einrichtete. Er wählte graue, seidenmatte Wände, modernes Mobiliar und vor allem zahlreiche Regale, die der großen Zahl an Auszeichnungen, die ihm in der Zwischenzeit verliehen worden waren, Platz boten.

Die Wohnung diente David nicht in erster Linie zum Ausruhen und Verweilen. Wenn David sich in New York aufhielt, nutzte er die Zeit auch, um alte Bekannte und Freunde zu treffen und mit ihnen nachts um die Häuser zu ziehen. Schließlich kam gerade die Mentalität der Menschen im Big Apple Davids Lebensumständen sehr entgegen. David ärgert sich bis heute darüber, dass es ihm in Deutschland kaum möglich war, Freundschaften zu pflegen. Es sei sehr schwer, so David, in Deutschland freundschaftliche Beziehungen aufzubauen oder aufrechtzuerhalten, da die Menschen dort es nicht mochten, wenn man nur alle paar Monate von sich hören ließ. In New York herrsche eine andere Einstellung, die vielleicht eine Spur oberflächlicher, für ihn jedoch perfekt sei. Wenn er in New York nach einem halben Jahr Pause bei jemandem anriefe, müsse er nicht erst erklären, wo er die ganze Zeit gewesen sei und warum er sich nicht gemeldet habe. Dort freuten sich die Menschen einfach, von ihm zu hören, und erwarteten keine weiteren Erklärungen, bevor sie sich mit ihm trafen.

Girls, Girls, Girls

Natürlich ging es David bei den nächtlichen Streifzügen durch New York nicht allein um das Wiedersehen mit seinen Freunden. Es ging ihm auch darum, neue Kontakte zu knüpfen und dabei vor allem Frauen kennenzulernen.

Immer wieder wurde David in Interviews gefragt, wie er es denn mit Frauen halte, ob er eine Freundin habe. Und immer wieder gab David daraufhin eine Antwort, die vor allem prüde Journalisten erschrecken ließ. Nein, sagte er in der Regel, er habe keine Freundin, aber er habe Freundinnen. Im Leben des David Garrett gab es keinen Platz für eine feste, dauerhafte Beziehung. Es fand sich aber Zeit und Raum für kürzere und dafür umso heftigere Romanzen. Auch räumte David ein, kein Kostverächter zu sein und während seiner Tourneen durchaus Interesse an One-Night-Stands zu haben. Wie vielen Frauen er im Laufe der Jahre nahekam, erzählte er nie. Zusätzlich gab es auf der ganzen Welt Frauen, die er bei Aufenthalten in den jeweiligen Ländern immer wieder besuchte. Ende 2009 berichtete die *BILD*, es gäbe für David Garrett rund um den Globus acht Frauen, die er aus bestimmtem Anlass träfe – eine Behauptung, die zu einem weiteren Klassiker der Berichterstattung über David Garrett wurde. Garrett betont seither bei entsprechenden Nachfragen gebetsmühlenartig, dass es sich bei dieser Aussage um einen Witz gehandelt habe.

Kein Witz war dagegen das grundsätzliche Problem, das einer langfristigen Bindung entgegenwirkte: Die Schwierigkeit, so Garrett selbst, bestehe nicht nur darin, dass sein ständiges Reisen eine tiefere Beziehung ausschließe. Hinzu komme, dass er sich zwar oft Hals über Kopf verliebe, dieser Zustand sich aber ähnlich schnell wieder verflüchtige.

Die meisten Frauen in Davids Umfeld sind unbekannt geblieben. Nur wenige kamen dem Virtuosen so nahe, dass ihr Name an die Öffentlichkeit gelangte. Die erste Frau, die im Zusammenhang mit David Garrett genannt wurde, hieß Eliza. David widmete ihr auf dem Album *Virtuoso* einen eigenen und selbst komponierten Titel – *Eliza's Song*.

Eliza war weder ein Fantasiename noch war die Frau eine Kunstfigur. Dahinter verbarg sich Eliza Kaurate, mit der David in New York liiert war. 1985 in der ehemaligen Sowjetunion geboren, kam Kaurate im Alter von 14 Jahren nach New York. Dort wurde sie als DJ Bad Bunny in der Klubszene bekannt. Später zog sie nach Los Angeles, um einer Karriere als Model und Schauspielerin nachzugehen. Die Erinnerung an David Garrett erhält Eliza Kaurate bis heute aufrecht: Wer ihre Website besucht, hört dabei *Eliza's Song*.

Auch einer zweiten Freundin Davids kamen die Medien durch die Tracklist eines Albums auf die Spur. Auf dem Album *Encore* befindet sich die Eigenkomposition *Chelsea Girl*, die auf eigentümliche Weise gleichzeitig fröhlich und sehnsüchtig klingt. Dieses Stück entstand infolge der bis dahin wohl intensivsten Beziehung Davids. Es war einer Frau gewidmet, von der David sagte, dass sie sein Herz so sehr schlagen ließe, dass er Angst habe, nach ihr süchtig zu werden. Immer noch, schrieb er im Booklet des Albums, denke er täglich an sie.

Chelsea Girl war Chelsea Dunn gewidmet, ebenfalls ein Model, mit dem David in seiner New Yorker Zeit zusammen war. Sie dürfte diejenige Frau gewesen sein, die am tiefsten in Davids Seele vordrang. Der Künstler selbst betonte dies in zahlreichen Auftritten. Ende 2009 kam es mit Blick auf diese Beziehung zu einem Ereignis, das den sonst so wortgewandten David Garrett einen Moment lang sprachlos werden ließ.

In einer weihnachtlichen Fernsehshow in Deutschland sprach die Moderatorin David Garrett direkt auf den Hintergrund zu dem Titel *Chelsea Girl* an. Daraufhin erzählte David erneut, wie sehr er es bedauerte, dass diese Verbindung aufgrund seiner häufigen Reisen gescheitert war. Danach ließ sich der sichtlich angespannte David dazu überreden, live *Chelsea Girl* zu spielen. Während seines Vortrags konnte das Publikum beobachten, wie eine Frau in rotem Kleid aus dem Hintergrund die Bühne betrat. Chelsea Dunn war von den Produzenten der Sendung, ohne dass David davon wusste, eingeladen worden. Als David sich umdrehte, zuckte er sprichwörtlich zusammen und fand kaum Worte. Es folgten einige vielleicht nicht nur der Kamera geschuldete Umarmungen.

Man mochte das seinerzeit für eine Inszenierung gehalten haben. Doch es war mehr. Ein Jahr später kam es zu einer Neuauflage der alten Liebe, David und Chelsea wurden wieder gemeinsam gesehen. Doch erneut sollte für die beiden kein Happy End folgen – Davids Karriere setzte der wiedergewonnenen Zweisamkeit ein Ende.

David hatte in der Zwischenzeit einige weitere kurze Beziehungen gepflegt. Die in Gütersloh aufgewachsene Jana Flötotto begleitete David zu einem seiner Konzerte, der Künstler und das Model präsentierten sich Händchen haltend. Die Liaison war jedoch schon nach wenigen Wochen beendet. Zwar haben sich weder Garrett noch Flötotto je öffentlich über ihre gemeinsame Zeit geäußert, jedoch ist anzunehmen, dass diese Beziehung eher oberflächlich blieb. Medienberichten zufolge soll sich Flötotto von David Garrett getrennt haben, als dieser selbst schon auf Distanz gegangen war. Den unrühmlichen Schlussakkord der Verbindung bildete ein Abend in einer Münchener Diskothek, an dem sich David für alle sichtbar mit einem anderen Model vergnügte. Jana Flötotto ging bald eine Beziehung mit dem Fußballbundesligaspieler Oliver Kirch ein, den sie im April 2012 heiratete.

Unter Davids zahlreichen weiteren Liaisons war wohl der Kontakt zu Tara Palmer-Tomkinson am ungewöhnlichsten. Palmer-Tomkinson galt in Großbritannien lange Zeit als »It-Girl« und war als Moderatorin und Kolumnistin aktiv. Berühmt-berüchtigt wurde sie allerdings durch exzessiven Kokainkonsum, jahrelang soll sie täglich Drogen im Wert von mehreren Hundert Euro konsumiert haben. 2006 musste sich Palmer-Tomkinson wegen einer durch den Kokainkonsum hervorgerufenen Perforation der Nasenscheidewand einer Schönheitsoperation unterziehen.

Doch nicht allein ihre Affinität zu Drogen ließ Palmer-Tomkinson in der Liste von Davids Eroberungen ungewöhnlich erscheinen. Das »It-Girl« war zum Zeitpunkt der Begegnung zwischen den beiden längst kein Mädchen mehr. Hatte sich David ansonsten mit Frauen umgeben, die bestenfalls gerade sein eigenes Alter erreichten, stand Palmer-Tomkinson vor ihrem 40. Geburtstag und war damit rund zehn Jahre älter. Am Ende sollte auch diese Beziehung nur eine kurze Episode bleiben.

Kurz nach Garretts Beziehung mit Palmer-Tomkinson kursierten bereits die nächsten Namen in den Klatschspalten. Models wie Tatjana Gellert oder Alena Gerber wurden in Davids Nähe gesichtet. Manche Frau wurde schon zu Davids Freundin ernannt, sobald sie auch nur eine Straße mit ihm entlangging. So auch die wie David 1980 geborene Künstlerin Mia Florentine Weiss.

Bei der Verbindung zwischen Garrett und Weiss handelte es sich nicht um eine Beziehung, die im Blitzlichtgewitter der Paparazzi stattfand. Sie wurde durch Zufall entdeckt. Die Künstlerin, die auch durch eine kurze Modeltätigkeit als Gesicht eines Werbespots für das Produkt Raffaello bekannt wurde, und der Violinist verbrachten einen gemeinsamen Urlaub auf der Karibikinsel St. Barth, als sie vor das Objektiv einer Kamera liefen. Hatte David bisher den Gerüchten über sein Privatleben freien Lauf gelassen, meldete er sich diesmal, ebenso wie Mia Florentine Weiss, mit einem Statement zu Wort: »Wir sind seit Jahren gut befreundet und haben auf St. Barth gemeinsam mit einer größeren Gruppe von Freunden Silvester gefeiert. Wir sind beide glückliche Singles.« Diese Episode im Beziehungsleben von David Garrett war also gar keine.

Nach diesem Ereignis wurde es still um das Thema »Wer ist David Garretts Freundin?«, auch weil David nun nicht mehr müde wurde zu behaupten, er habe einfach keine Zeit für eine feste Beziehung. Auch Bilder mit möglichen Freundinnen von David Garrett wurden immer seltener, was seine Fans mit großer Freude registrierten – hieß das doch, dass der Platz an seiner Seite noch frei war. Doch es erscheint fraglich, ob dieser Platz in absehbarer Zeit dauerhaft von einer Person eingenommen werden kann. Der Blick auf Davids Leben lässt vermuten, dass die

Begegnung mit einer ganz besonderen Person erforderlich wäre, um den stets umtriebigen und rastlosen David von der Suche nach weiteren Eroberungen abzuhalten.

Obwohl David Garrett Michael Jackson dafür bemitleidete, dass dieser stets seine verlorene Kindheit nachzuholen versuchte, funktioniert David auf seine Art und Weise nicht anders. Zwar hing er nie seiner Kindheit nach, indem er sich wie Jackson eine Welt voller Kinderkarussells und Spielzeug aufbaute. Doch wer ihn beobachtete, entdeckte dabei ebenfalls einen Mann, der dem hinterherjagte, was er nie hatte. Bei David waren es keine Gegenstände, die er vermisst hatte, sondern ein bestimmter Begriff und das Konzept, das damit verbunden war: Freiheit.

David Garrett fehlte im Rückblick auf seine Jugend nicht so sehr die Gelegenheit zum Spielen. Auch wenn er erwähnte, dass er nie am Computer daddeln oder mit Freuden bolzen durfte, war für ihn doch eher die Enge seines Elternhauses belastend. Den dort ausgeübten Zwängen versuchte er nicht nur durch Taten, sondern auch in seinen Wünschen und Träumen zu entgehen. Nachdem er endlich den Absprung geschafft hatte und nach New York gereist war, wohin ihm seine von Flugangst geplagten Eltern kaum folgen konnten, tat er immer wieder alles, um das Gefühl von Freiheit zu spüren. Er verschaffte sich die Freiheit, sich optisch so zu präsentieren, wie es ihm gefiel. Er verschaffte sich die Freiheit, die Musik zu spielen, die er wollte. Und er nahm sich die Freiheit, sich mit den Frauen zu umgeben, die er wollte – wann er wollte.

Einen David Garrett, der in eine feste Beziehung mit all ihren Vorzügen und Verpflichtungen eintaucht, wird es wohl vorerst nicht geben. Vermutlich wird David Garrett seine Freiheit weiterhin so weit wie möglich auskosten. Sollte David dann aber doch eines Tages genug Freiheiten genossen haben, sodass dauerhafte Zweisamkeit möglich wird, sollte ihm die große Liebe begegnen, für die er diesmal ein Lied komponiert, weil er tatsächlich nach ihr süchtig ist, dann wird die Person, die Platz in seinem Leben findet, sich damit arrangieren müssen, dass sie nicht die erste Geige spielt. Denn 2010 war David eine Beziehung eingegangen, die für ihn größte Bedeutung hatte.

Die Ex A. Busch 1716

So flüchtig Davids Amouren auch waren, so innig war von jeher seine Beziehung zu dem Instrument, das er spielte. Deshalb war auch ein Ereignis, das im Frühjahr 2010 stattfand, für ihn weit einschneidender und aufregender als der Beginn einer neuen Liebschaft. David eröffnete sich die Möglichkeit, von nun an dauerhaft auf einer Geige zu spielen, von der er schon lange geträumt hatte: Ihm wurde die Ex A. Busch Stradivari von 1716 angeboten.

Um die Bedeutung dieses Augenblicks zu verstehen, muss man sich mit den Hintergründen beschäftigen. Vor allem damit, was der Name Stradivari eigentlich bedeutet – und warum eine »Strad« so begehrt ist. Antonio Stradivari wurde um das Jahr 1644 im italienischen Cremona geboren. Sein genaues Geburtsdatum ist ebenso unbekannt, wie die genauen Umstände, die seinen Werdegang zum größten Geigenbauer der Geschichte bestimmten. Eine Theorie besagt, dass Stradivari sein Handwerk bei dem Geigenbauer Nicola Amati lernte. Diese These wird durch das erste Instrument, das eindeutig als Werk Stradivaris bekannt ist, untermauert: Diese Geige trug ein Etikett mit der Aufschrift »Gefertigt von Antonio Stradivari, Schüler von Nicolo Amati, 1666«. Der Unterschied in der Schreibweise von Amatis Vornamen liegt darin begründet, dass dieser in verschiedenen Formen überliefert ist. Neben Nicola existiert auch die leicht abgeänderte Version Nicolo. Andere Forscher vermuten trotz des Hinweises auf dem Etikett, dass Stradivari zunächst eine Schreinerlehre absolvierte, wodurch sich der überaus kunstfertige Umgang mit dem Material Holz erklären ließe.

Außer Zweifel steht, dass die von Stradivari gefertigten Instrumente schon früh sehr begehrt waren. Ihr einzigartiger und unübertroffener Klang wurde von Musikern als besonders lebhaft und als geradezu »flackernd« beschrieben. Messungen ergaben, dass die Instrumente im Frequenzbereich von 2000 bis 4000 Hertz besonders wirkungsvoll sind. Das ist der Bereich, in dem das menschliche Ohr am empfindlichsten ist und Klänge besonders deutlich wahrnimmt. Auf einer Stradivari können deshalb auch sehr leise Töne so gespielt werden, dass sie in einem großen Konzertsaal gut hörbar sind.

Es gibt unzählige Mutmaßungen darüber, wie Stradivari dieses einzigartige Klangbild erreichte. Zur Klärung wurde das von dem Geigenbauer verwendete Holz besonders intensiv untersucht. Eine Theorie geht davon aus, dass Stradivari eine besondere Holzart nutzte, die aufgrund der zwischen dem 16. und 18. Jahrhundert in Europa herrschenden »Kleinen Eiszeit« entstanden war. Das aufgrund dieser Kälteperiode veränderte Baumwachstum soll den Abstand der Jahresringe im Holz verringert und dadurch eine Qualität des Materials geliefert haben, die den Klang positiv beeinflusste. Mehrere Untersuchungen ergaben, dass Stradivari tatsächlich ein besonders gutes Holz zur Verfügung stand. Dennoch krankte die »Eiszeit-Theorie« an dem Umstand, dass auch andere Geigenbauer Holz aus dieser Periode verwendeten.

Um dem Phänomen des Stradivari-Klangs doch noch auf die Spur zu kommen, untersuchten Wissenschaftler jedes Detail der Klangkörper dieser Instrumente. Man berechnete per Computer das Schwingungsverhalten des Materials und gelangte zu immer neuen Erkenntnissen. Der deutsche Geigenbauer und Physiker Martin Schleske zum Beispiel kam bei seinen Analysen zu dem Ergebnis, dass möglicherweise gezielt eingesetzte asymmetrische Abweichungen der Materialstärke das Klangbild beeinflussten. Schleske stellte jedoch auch heraus, dass der Klang einer Stradivari nicht auf eine einzelne Ursache zurückgeführt werden könne. Unter den vielen Faktoren hätten auch die besondere Handwerkskunst und Beobachtungsgabe des Meisters eine wesentliche Rolle gespielt.

Ohnehin ist Stradivari nicht gleich Stradivari. Die von dem Geigenbauer hergestellten Instrumente werden in verschiedene Schaffensphasen unterteilt. Die erste Periode wird als Amatise bezeichnet, da die Geigen Stradivaris bis etwa 1680 noch stark an die von Nicola Amati geschaffenen Instrumente erinnerten. Danach folgte eine etwa 20 Jahre andauernde Phase, in der Antonio Stradivari mit Klang und Konstruktion experimentierte und an Weiterentwicklungen arbeitete, um sich von dem Modell Amatises zu lösen. Da er sich dabei vor allem an einer etwas längeren Bauweise der Geige versuchte, ist die Periode bis zum Jahr 1700 auch als »Long Pattern« (langes Modell) bekannt.

Nun folgte die wohl bedeutendste Periode im Schaffen von Antonio Stradivari. Die rund ein Vierteljahrhundert andauernde goldene Periode bezeichnet die Jahre, in denen der Geigenbauer auf dem Höhepunkt seines Könnens seine besten Instrumente schuf. Vor allem die Resonanzkörper der Violinen aus jener Zeit gelten bis heute als unübertroffen. Erkennbar waren diese handwerklichen Meisterleistungen auch an dem einzigartigen tiefroten Lack, der das Holz überzog.

Am Ende dieser Phase um 1725 war Stradivari immerhin schon etwa 80 Jahre alt, ans Aufhören dachte er jedoch immer noch nicht. Auch in der sogenannten Spätphase, die sich bis zu seinem Tod im Jahr 1737 erstreckt, stellte er Geigen her. Insgesamt soll Stradivari während seines langen Lebens rund 1100 Instrumente gebaut haben, von denen etwa 650 die Jahrhunderte überdauerten. Dass eine solch große Anzahl erhalten ist, ist vor allem darauf zurückzuführen, dass der Mythos Stradivari schon sehr früh entstand. Bereits ab dem Jahr 1800 wurden für die Instrumente hohe Summen gezahlt. Heute sind Stradivaris Werke auch Geldanlagen mit sicherem Wertzuwachs. Nicht umsonst zählen zu den Besitzern der Instrumente nicht nur wohlhabende Musiker, sondern auch Banken und große Unternehmen. 2011 erzielte eine Stradivari bei einer Versteigerung mit rund zwölf Millionen Euro den bisher höchsten Preis.

Nun lässt sich nachvollziehen, welche Bedeutung der Moment im Jahr 2010 für David Garrett hatte, als ihm die Ex A. Busch Stradivari angeboten wurde. Seit einigen Jahrzehnten war Geld nicht mehr das alleinige Mittel, um an ein solches Instrument zu gelangen. Nur in den seltensten Fällen wechselte eine Stradivari den Besitzer – wer eine besaß, behielt sie oder bot sie nur an, wenn ein wahrhaft stattlicher Gewinn zu erwarten war.

Für David war es nun nicht die erste Stradivari, die er in den Händen hielt, hatte er doch als 13-Jähriger nach seinem Konzert im Amtssitz des damaligen Bundespräsidenten die San Lorenzo Stradivarius von 1718 als Leihgabe erhalten und diese auch auf zahlreichen Bühnen gespielt. Doch selbstverständlich musste er das Instrument nach einigen Jahren zurückgeben.

In den ersten Jahren seiner zweiten Karriere hatte David eine ebenfalls sehr wertvolle Geige aus der Werkstatt von Giovanni Battista Guadagnini genutzt, der als Schüler Stradivaris gilt. Guadagninis Instrumente waren zwar vom Vorbild des großen Meisters inspiriert, erreichten im Hinblick auf den Klang jedoch nie die Qualität von Stradivaris Werken. David hatte seiner Guadagnini aus dem Jahr 1772 allerdings einige seiner größten Erfolge zu verdanken, was den Moment, als er das Instrument bei seinem Treppensturz im Dezember 2007 in London beschädigte, für ihn doppelt so schmerzhaft machte.

Im Frühjahr 2010 war die Guadagnini längst wieder repariert und täglich im Einsatz. Fortan sollte sie jedoch nur noch zweite Wahl sein, denn der auf eigenen Wunsch hin unbekannt bleibende Eigentümer ließ David mit der 1716 angefertigten Ex A. Busch Stradivari aus dem Jahr 1716 ein wahrlich beeindruckendes Instrument zukommen.

Wie üblich war die Geige nach einem ihrer Vorbesitzer benannt. Sie gehörte bis 1933 zum Besitz des 1891 geborenen deutschen Violinisten Adolf Busch, der ein Lehrer Yehudi Menuhins war und später in den USA Karriere machte.

Vor allem aber zeichnete sich das Instrument durch den Zeitraum aus, in dem es entstanden war. Das Jahr 1716 gilt als absoluter Höhepunkt im Schaffen Antonio Stradivaris. Es war das Jahr, in dem Stradivari auch sein Meisterwerk anfertigte – die Geige, die später unter dem Namen Messias weltweit berühmt wurde. Die Messias war die einzige Geige, die Stradivari niemals verkaufte und die bis zu seinem Tod in seinem Besitz blieb. Erst Stradivaris Söhne verkauften das Instrument, um das sich fortan eine ganze Reihe Mythen ranken sollte. Ihre Bezeichnung erhielt die Geige im 19. Jahrhundert nach einem ihrer Eigentümer, der zwar mit dem Besitz des Instrumentes prahlte, aber niemanden darauf spielen ließ. Ihr einzigartiger Klang wurde zur Legende, gehört wurde er in jener Zeit jedoch nicht. Das führte zu der überlieferten Aussage, diese Geige sei wie der Messias: Sie werde oft erwartet, erscheine aber nie. Damit hatte die Stradivari ihren Namen. Ihr Klang jedoch sollte ein Geheimnis bleiben. Zuletzt gespielt wurde sie im Jahr 1890, seither ist sie Kernstück der Hill-Collection im Ashmolean Museum im britischen Oxford.

Davids neue Geige war vielleicht nicht so berühmt wie die Messias, doch sie entstammte zweifellos jener Schaffensperiode, in der Stradivari seine besten Instrumente baute. Kein Wunder also, dass der Künstler sein Instrument stets mit sich führte. Wo immer David sich zeigte, war auch die Stradivari dabei. Er selbst sagte, dass er sich nur dann von ihr trennte, wenn er auf die Toilette ging.

Auf zu neuen Höhen

Eine Stradivari zur unbegrenzten Nutzung – das konnte nur ein gutes Omen für das Jahr 2010 sein.

In jener Zeit war in dem ewig Rastlosen der Wunsch entstanden, etwas zu verändern. Das galt vor allem für seine Lebensumstände abseits der Arbeit. Bisher nutzte er allein New York als Rückzugsort, in Deutschland und in all den anderen Ländern, in denen er auf der Bühne stand, lebte er ausschließlich in Hotels. Nun jedoch bezog David in Berlin eine weitere feste Unterkunft, um genau zu sein eine Altbauwohnung mit 100 Quadratmetern, die er aufwendig renovieren ließ.

Dieser Zweitwohnsitz bot ihm mehrere Vorteile. Vor allem aber besaß er nun einen weiteren Rückzugsort, in dem er nicht der ständigen Versuchung ausgesetzt war, die ihm in Hotels und an Veranstaltungsorten begegnete. In seiner Wohnung wurde er nicht permanent dazu verlockt, seinem großen Laster nachzugehen.

Laster waren nun im weitesten Sinne in Davids Leben zahlreich: Da waren die Frauen, denen er nicht aus dem Weg gehen konnte, und da war natürlich auch die Musik, bei der er sich immer wieder zu Höchstleistungen anspornte und sich bis zum Äußersten forderte. Das größte seiner Laster war weniger offensichtlich, doch es beschäftigte David täglich. David Garrett liebte Schokolade und er hasste sie, weil er sie liebte.

Das mag eigenartig klingen, hatte aber einen ganz simplen Hintergrund. Ein von allen beruflichen und medialen Zwängen befreiter David Garrett würde Schokolade genießen, so oft und so viel er konnte. Der öffentliche Mensch und Star durfte dies jedoch auf keinen Fall tun, sonst würde sein Image als gut aussehender Geiger bald Schaden nehmen. David wusste, dass er »aufgehen würde wie ein Hefekloß«, sobald er Schokolade und andere Süßigkeiten in seiner Nähe zuließ. Also mied er den Kontakt mit Leckereien. Hotelzimmer, in denen eine nicht nur mit Alkoholika, sondern auch mit Naschereien gut gefüllte Minibar zum Standard gehört, waren ein Feind seiner Vermeidungsstrategie. Wann immer für David ein Hotelzimmer gebucht wurde, war damit auch die Anweisung verbunden, dass die Minibar im Zimmer des Stars vor dessen Ankunft geleert sein musste.

In seiner eigenen Wohnung musste David nicht darauf vertrauen, dass andere diese Angelegenheit für ihn regelten. Er selbst konnte die Räume zur schokoladefreien Zone erklären.

Außerdem boten die eigenen Räume David die Gelegenheit, ein weiteres Laster auszuleben oder vielmehr einer Eigenart nachzugehen, durch die er sich vom überwiegenden Teil der männlichen Bevölkerung unterscheidet. Dieser Leidenschaft konnte er bei aller Planung seitens seines Managements in einem Hotel nicht frönen, denn ließ sich zwar eine Minibar noch ausräumen, so war es doch unmöglich zu verlangen, den Teppich in Davids Suite zu beschmutzen und ihm einen Staubsauger hinzustellen. Doch genau das war David Faible: Er liebte das Saubermachen in seiner Wohnung, da er es als meditativen Moment erachtete, in dem er Nützliches tat und sich gleichzeitig entspannte.

Momente der Entspannung waren 2010 für David auch durchaus notwendig, denn wieder einmal sollte es ein äußerst aktives Jahr werden, das vor allem von Arbeit bestimmt war – nicht zuletzt, weil Davids ohnehin schon große Lust am Musizieren durch die neue Geige einen mächtigen Schub bekam.

Im Januar 2010 absolvierte David eine Tournee, bei der er sein *Classical-Romance*-Programm an 14 Tagen in 14 Konzerthallen in Deutschland präsentierte. Doch nach dem Klassikalbum von 2009 stand nun auch wieder Neues auf dem Programm. Das Crossover-Projekt sollte erweitert werden, indem härtere Musik als bisher in den Mittelpunkt gestellt werden würde. Dabei wurde das bisherige Prinzip umgekehrt: Statt zuerst eine CD zu veröffentlichen und dann das Material auf Tourneen zu spielen, erlebten die Fans die Interpretationen 2010 zunächst einmal live.

Der Titel der Tournee, *Rock Symphonies*, machte deutlich, worum es bei diesem Projekt ging: David hatte sich nicht der Popmusik zugewandt, sondern spielte Klassiker des Rock. Fast schien es, als sei das neue Programm als Ausgleich zu *Classic Romance* angelegt. Fand sich dort entgegen der Erwartungen der Fans keine einzige moderne Komposition, so trat bei *Rock Symphonies* die Klassik noch weiter in den Hintergrund als bei *Encore*. Die bei den Auftritten gebotene Show ließ sich mit der eines Rockkonzerts vergleichen. Die Bühnendeko im Hintergrund erinnerte an die Tribal genannte Form von Tätowierungen, der in der Mitte prangende kreisrunde Bildschirm für die großformatigen Projektionen des Konzertgeschehens wirkte wie ein Auge, das das Publikum anblickte.

David selbst nahm dem Publikum einmal mehr die Angst vor der bei klassischen Konzerten üblichen Distanz zwischen Künstler und Zuhörern, indem er – zum Beispiel bei seinem Auftritt auf der Berliner Freilichtbühne Wuhlheide im Juni – nicht einfach auf der Bühne erschien, sondern Geige spielend auf den Wegen zwischen den Sitzblöcken dorthin lief. Die Bühne teilte sich David Garrett nicht nur mit einem großen Orchester, sondern auch mit einer jungen Gitarristin, die ähnlich große Aufmerksamkeit auf sich zog wie der Violinist selbst.

Tatsächlich hatte David für diese Tour eine Frau engagiert, die ebenfalls bereits zu einiger Bekanntheit gelangt war. Der Name der blonden Frau lautete Orianthi Panagaris, doch die gebürtige Australierin beließ es meist bei der Nennung ihres Vornamens.

Sie stand bereits mit Stars wie Prince, Carlos Santana oder ZZ Top auf der Bühne, als sie ein weiteres Engagement erhielt, das ihren Namen und vor allem ihr Gesicht auf der ganzen Welt bekannt machen sollte – wenn auch unter vollkommen anderen Umständen als erwartet. Orianthi wurde von Michael Jackson für dessen Abschiedstournee verpflichtet. Diese Konzerte fanden bekanntlich nie statt, da der »King of Pop« zuvor unter tragischen Umständen starb. Orianthi jedoch stand im Scheinwerferlicht, als sie bei der großen Gedenkveranstaltung zu Ehren Jacksons spielte und später in dem erfolgreichen Dokumentarfilm *This is it* zu sehen war, der die Vorbereitungen zu den Konzerten und damit auch die letzten Wochen im Leben des Popstars zeigte.

Allein die Anwesenheit einer solch renommierten Rockgitarristin hätte bei den *Rock Symphonies* verdeutlicht, welche Ausrichtung die Konzerte hatten. David ließ der Gitarre den nötigen Raum, arrangierte sie aber gleichzeitig so, dass er und seine Stradivari die Führung übernehmen konnten.

Die auf der Tour gespielten Stücke unterschieden sich zwar in der Reihenfolge von dem später veröffentlichten Album, die Titel selbst waren jedoch in beiden Fällen gleich. David gelang es bei dem neuen Programm, die Stücke so einzuspielen, dass an sanftere Klänge gewöhnte Fans nicht erschreckt wurden. Er behielt die raue Note der Rockklassiker bei, fügte aber noch eine Facette hinzu, die die Songs auch Klassikliebhabern angenehm erscheinen ließ. Angesichts der Auswahl der Stücke war diese Modulation äußerst bemerkenswert.

Das Album begann mit *Smells Like Teen Spirit* von der US-Grunge-Band Nirvana. Da das Stück auch 20 Jahre nach seiner Veröffentlichung nichts an Härte eingebüßt hatte, bot es vielen Hörern eine Überraschung. Gleichsam als Entschädigung folgte darauf eine der erfolgreichsten Balladen, die jemals von einer Hardrock-Band eingespielt wurden: *November Rain* von Guns N' Roses. Das dritte Stück besaß den vielleicht rockigsten Klang, doch war es die erste klassische Komposition auf der CD – ein Sachverhalt, der zusätzlich dadurch getarnt wurde, dass als Titel auf dem Cover *The 5th* angegeben wurde. Dahinter verbarg sich Beethovens fünfte Sinfonie, eines der populärsten Werke klassischer Musik. Insgesamt enthielt *Rock Symphonies* 15 Titel, zu denen auch Aerosmiths *Walk This Way* und *Rockin' All Over the World* von Status Quo gehörten. Klassische Musik beschränkte sich im Weiteren auf eine Kombination aus Vivaldi-Kompositionen mit dem 2004 erschienenen *Vertigo* von U2, Peer Gynt von Edvard Grieg und einige weitere Einsprengsel, die sich der Übermacht der Rocksongs beugen mussten.

Das Konzept der *Rock Symphonies* machte sich bezahlt. Durch die Tournee im Sommer war das Publikum bereits mit dem Material vertraut, als die CD im September 2010 erschien. War *Classic Romance* trotz des Fehlens populärer Stücke durch den Namen David Garrett zum Erfolg geworden, so sorgte nun der Bekanntheitsgrad des Künstlers dafür, einer Musik, die ohnehin Millionen von Fans besaß, noch zu weiterem Aufschwung zu verhelfen.

Rock Symphonies erreichte in den deutschen Charts Platz eins, gelangte in Großbritannien fast in die Top 20 und erzielte sogar in den USA den 41. Rang. Diese Positionen waren vermutlich auch dem Umstand geschuldet, dass David nicht nur in Deutschland mit dem neuen Material auf Tournee gegangen war, sondern auch in Skandinavien, in Großbritannien und in den USA.

Einmal mehr sollte man meinen, dass ein neues Album inklusive einer weit reichenden Tournee ein Arbeitsjahr ausfüllte. David Garrett bewies jedoch erneut, dass sein Tag mindestens 48 Stunden hatte. Er trat bei Sportveranstaltungen auf, gab ein Benefizkonzert für die Stiftung »Jedem Kind ein Instrument« und absolvierte auch wieder rein klassische Konzerte. Man darf annehmen, dass sich bei jeder Rückkehr in die neue Berliner Wohnung aufgrund der langen Abwesenheit genug Staub angesammelt hatte, um der Leidenschaft des Reinemachens ausgiebig nachzugehen.

Der Star als Fan

Am Ende des äußerst erfolgreichen Jahres 2010 stellte sich die Frage, womit David Garrett sein Publikum überhaupt noch überraschen konnte. Der Musiker hatte allen Widerständen zum Trotz sein Konzept des Crossover etabliert, er hatte Klassik präsentiert, als die Hörer weiterhin Popmusik von ihm erwarteten, und er hatte Rocksongs in Häuser gebracht, in denen dieser Musikstil ansonsten keinen Einzug gefunden hätte. Was also konnte Garrett Neues bieten?

Die Antwort auf diese Frage trug den Titel *Legacy*, also »Vermächtnis« oder »Erbschaft«. Auf den ersten Blick handelte es sich bei diesem Album um eine erneute Sammlung rein klassischer Kompositionen. Aufgenommen wurde es jedoch an einem Ort, der wie kein anderer für Popmusik steht.

Die im Londoner Stadtteil Westminster gelegenen Abbey Road Studios sind das wohl berühmteste Tonstudio der Welt. Sie befinden sich in der gleichnamigen Straße in einem ehemaligen Wohnhaus, das zwischen 1929 und 1931 mit großem Aufwand umgebaut worden war. Yehudi Menuhin spielte hier fast 250 Stücke ein, untrennbar verbunden ist das Studio jedoch mit den Beatles. Die britische Band machte das Studio 1967 berühmt, als eine der Aufnahmesessions zu ihrem Hit *All You Need Is Love* im Fernsehen übertragen und von weltweit rund 200 Millionen Menschen verfolgt wurde. 1969 veröffentlichten die Beatles das Album *Abbey Road*, dessen Cover die Mitglieder der Band beim Überqueren des Zebrastreifens vor dem Studio zeigte.

Hier nun nahm David Garrett zusammen mit dem Royal Philharmonic Orchestra unter dem Dirigenten Ion Marin in den Abbey Road Studios sein Album *Legacy* auf und schuf damit allein durch die Lokalität eine weitere – wenn auch nicht hörbare – Verbindung zwischen Klassik und Pop.

Vor allem aber präsentierte David sich mit dieser CD auch zum ersten Mal selbst als Fan, ehrte er doch mit den Aufnahmen einen Musiker, der lange in Vergessenheit geraten war. Einen großen Teil der Spielzeit des Albums nahm zwar das Violinkonzert D-Dur op. 61 von Beethoven ein, ansonsten widmete sich Garrett aber überwiegend der Neuinterpretation von Werken von Fritz Kreisler.

Wie bei vielen anderen Violinisten auch wies die Vita des 1875 in Wien geborenen Kreisler viele Parallelen mit Davids Lebensgeschichte auf. Kreisler erhielt wie David ab seinem vierten Lebensjahr Geigenunterricht, wie David galt er als Wunderkind. Als er als Siebenjähriger in das Konservatorium der Gesellschaft der Musikfreunde in Wien aufgenommen wurde, war er der jüngste Schüler, den das traditionsreiche Institut jemals angenommen hatte. Auch Kreisler gab in frühester Jugend bereits Konzerte in aller Welt. 1888 führte ihn beispielsweise eine Konzertreise mit einem Pianisten in die USA.

Eine bedeutende Gemeinsamkeit weisen die Lebensgeschichten von Garrett und Kreisler auch darin auf, dass sich die Geister an beiden Musikern schieden. Wie gut 100 Jahre später Garrett wurde auch Kreisler von einigen wegen seines Spiels grenzenlos bewundert, andere hingegen konnten mit den Darbietungen des Künstlers nichts anfangen. Kreisler pflegte beim Musizieren einen höchst individuellen Stil, bereits in jungen Jahren hatte er eine unnachahmliche Tongebung entwickelt, die von der ihm zugeneigten Zuhörerschaft als besonders warm und anziehend beschrieben wurde. Kreislers Geigenspiel beeinflusste viele Interpreten des 20. Jahrhunderts.

Wie David Garrett betätigte sich Kreisler nicht nur als Violinist, sondern auch als Komponist. Er kreierte seine Stücke mal im eigenen Stil, mal im Stile anderer Komponisten. Diese Tatsache führte schließlich zu einem Skandal: Kreisler gab einige seiner Kompositionen als Werke von Musikern wie Gaetano Pugnani oder Giuseppe Tartini aus – eine Behauptung, die die Kritiker bedenkenlos akzeptierten. Als Kreisler später einräumte, die vermeintlichen Fremdkompositionen selbst geschaffen zu haben, führte dies zu einem Eklat, obwohl die eigentliche Peinlichkeit darin bestand, dass die Kritiker die Täuschung nicht bemerkt hatten.

Von jener unrühmlichen Episode einmal abgesehen, galt Fritz Kreisler in der Musikwelt als letzter Erbe Niccolò Paganinis, gab es doch nach ihm keinen namhaften Geigenvirtuosen mehr, der auf seinen Konzertreisen zum größten Teil Eigenkompositionen vortrug.

David widmete Kreisler auf seiner CD *Legacy* insgesamt sechs Stücke. Davids Fans dankten ihm dieses erneute Experiment auf ihre Weise. Das Album gelangte zwar nicht wie sein Vorgänger auf den ersten Platz der Hitlisten, erreichte aber immerhin Rang sechs und verbuchte damit den höchsten Charteinstieg, der jemals von einem klassischen Album erreicht wurde. *Classic Romance* konnte mit dem vierten Rang damals eine höhere Position erreichen, jedoch gelang dies nicht wie bei *Legacy* unmittelbar nach der Veröffentlichung.

Über die Würdigung von Kreisler hinaus präsentierte sich David Garrett im Jahr 2011 auch noch auf ganz anderem Gebiet als Fan. Garrett, der als Kind nur in Ausnahmefällen und unter vielen Hinweisen auf die nötige Vorsicht Fußball spielen durfte, zeigte nun seine Verbundenheit mit diesem Sport, indem er am 15. November im HSV-Stadion in Hamburg zum Auftakt der Begegnung Deutschland – Niederlande die Nationalhymnen der beiden Nationen spielte.

Zusätzlich schmiedete Garrett bereits Pläne, die weit über das bisher in seiner Karriere Erreichte hinausgingen. Er hatte mittlerweile gut eine Million CDs verkauft, seine Konzerte lockten Hunderttausende Besucher an und auch auf den TV-Bildschirmen war er häufig zu sehen. Ein Medium hatte er jedoch bisher noch nicht erobert und es gab eine weitere Person, die Garrett in das Bewusstsein der Menschen zurückbringen wollte. Fritz Kreisler hatte er durch sein Album *Legacy* wieder bekannt gemacht, nun wollte er sich dem größten aller Violinisten widmen.

Der Paganini-Plan

Paganini, der Teufelsgeiger – ihm wollte David nicht etwa sein nächstes Album widmen. Es sollte mehr werden: David Garrett bewegte sich auf dem ihm bisher unbekannten Terrain eines Kinofilms.

Zum Zeitpunkt der Aufnahmen zu *Legacy* waren noch keine Informationen über dieses Projekt an die Öffentlichkeit gelangt, auch hatten die Dreharbeiten noch nicht begonnen. David beschäftigte sich in Gedanken jedoch schon lange mit diesem Film. Obwohl er mit seinen Tourneen und Auftritten bereits vollkommen ausgelastet schien, arbeitete er 2010 auch bereits an dessen Entstehung.

Nicht nur, dass das gesamte Projekt auf seiner Idee beruhte, David Garrett war auch für die Filmmusik verantwortlich, übernahm als Executive Producer eine verantwortungsvolle Position und sollte darüber hinaus die Hauptrolle spielen. David hatte jede freie Minute in die Vorbereitungen für den Film investiert und es sollten Monate folgen, in denen die Arbeit an diesem Projekt im Vordergrund stand.

David Garrett war bereit, für diesen Film jede Mühe auf sich zu nehmen. Paganini zu spielen – die Musik des Teufelsgeigers zu interpretieren und darüber hinaus dessen Person zu verkörpern – war für David ein Lebenstraum, den er sich nun erfüllen wollte. Schließlich verband David Garrett mit dem großen Virtuosen mehr als mit jedem anderen Geiger.

Paganini hatte ihm eine der schwersten Zeiten seiner Jugend beschert, als David beim Einspielen der Capricen seine körperlichen Grenzen überschritt und anschließend jahrelang unter Schmerzen litt. Garrett selbst assoziierte Paganini jedoch nicht mit Leid, sondern hatte Ehrfurcht vor dem Komponisten, der solch anspruchsvolle Stücke geschaffen hatte und sie einst selbst besser als jeder andere spielen konnte. Außerdem erkannte David mehr als bei jedem anderen Musiker in Paganinis Vita Parallelen zu sich selbst. Dazu gehörten die Art und Weise, wie Paganini seine Kindheit verbrachte, die Rolle, die der Vater in dessen Leben spielte, sowie das spätere Image Paganinis als »Rockstar« in einem konservativ geprägten musikalischen Umfeld, in dem er reichlich Kritik erntete. Und auch abseits dieser Gemeinsamkeiten bot der Lebensweg des Teufelsgeigers außerordentlich viele filmreife Aspekte.

In seiner Zeit besaß Paganini größere Publikumswirksamkeit als jeder Weltstar der Gegenwart. Geben heute Lady Gaga oder die Rolling Stones ein Konzert in einer Stadt, herrscht zwar unter deren Fans helle Aufregung, den überwiegenden Teil der Bevölkerung dagegen lässt dieses Ereignis jedoch kalt. War einst aber ein Paganini-Konzert angekündigt und es gab Nachricht über dessen Ankunft, war dies im gesamten Landstrich Tagesgespräch. Freudige Erwartung mischte sich mit tiefer Furcht angesichts dessen, was man über den Teufelsgeiger wusste oder zu wissen glaubte. Paganinis Geigenspiel war legendär, doch sein Erscheinungsbild irritierte. Paganini sei einen Pakt mit dem Teufel eingegangen, raunte man sich zu, denn anders konnte man es sich nicht erklären, dass ein Mann solch zauberhafte Musik spielte und doch so schrecklich aussah.

Die Geschichte des Niccolò Paganini begann am 27. Oktober 1782 im italienischen Genua. Kaum konnte er eine Geige halten, wurde er von seinem Vater zum Üben gezwungen. Ihm wurden Schläge verabreicht und er erhielt nichts zu essen, wenn er sich seinem Instrument nicht ausreichend widmete. Obwohl solche Zwänge bei Kindern Abneigung gegen die Musik auslösen können, lernte Paganini, wie später auch David, die Geige und die Musik zu lieben. Dass er außergewöhnliche Fähigkeiten besaß, bewies Paganini auch dadurch, dass er schon als Kind die Möglichkeiten der Violine erprobte und sich bislang unbekannte Griffe überlegte, die fantastische Melodien hervorbrachten. Bald schon spielte das Wunderkind nicht nur mit herausragender Virtuosität Geige, sondern begann, eigene Werke zu komponieren. Nach zahlreichen frühen Konzerten begab sich Paganini im Alter von 19 Jahren auf die erste Konzertreise ohne Begleitung des Vaters. Danach übernahm er für einige Jahre seine einzige feste Anstellung als Konzertmeister. Ab dem Jahr 1810 führten ihn seine Konzerte durch ganz Europa.

Diese Lebensgeschichte scheint den Karrieren anderer begabter Violinisten vergleichbar zu sein. Doch Paganini besaß größeren Stellenwert. Dem Musiker wurden magische Kräfte nachgesagt, denn einen Umgang mit der Geige, wie Paganini ihn demonstrierte, hatte man noch nie erlebt. Paganini spielte nicht nur, seine Finger vollbrachten regelrechte Kunststücke auf dem Instrument und schienen sich mit übermenschlicher Geschwindigkeit zu bewegen. Bei seinen Konzerten fielen Frauen in Ohnmacht, andere kreischten in Ekstase, gestandene Männer brachen in Tränen aus.

Doch nicht allein seine Virtuosität machte Paganini zu einem Phänomen. Er unterschied sich in seinem gesamten Erscheinungsbild von anderen Menschen. Anders als David Garrett war der Teufelsgeiger nicht mit einem attraktiven Äußeren gesegnet. Paganini war dürr und erschien kränklich, sein Kopf mit der markanten Nase und den langen strähnigen schwarzen Haaren wirkte unnatürlich groß. Dass Paganinis Haut blass und sein Blick stechend war, das fiel noch zusätzlich dadurch auf, dass er immer schwarz gekleidet auf die Bühne trat. Das Publikum vermutete in ihm eine Gestalt, die gerade der Unterwelt entstiegen war, einen Vampir vielleicht. Auch besaß Paganini seltsame Gewohnheiten: Nur selten sah man ihn essen und auch im Sommer war er mit einem Pelzmantel bekleidet.

Natürlich wurde über eine solche Erscheinung getuschelt. Er habe Morde begangen, erzählte man sich, und die Saiten seiner Geige bestünden nicht aus tierischem Gedärm. Für den einzigartigen Klang seiner Geige habe Paganini Saiten aus dem Darm eines unschuldigen Mädchens fertigen lassen.

All diese Vermutungen waren selbstverständlich blanker Unsinn. Paganini war weder ein Mörder noch ein Vampir, er war ein von Krankheiten gekennzeichneter Mann. Paganini litt zeit seines Lebens unter verschiedenen Gebrechen. Um welche Erkrankungen es sich genau handelte, ist nicht bekannt, jedoch wird von den Folgen einer in der Kindheit erlittenen Gehirnhautentzündung gesprochen, später soll sich der Musiker die Geschlechtskrankheit Syphilis zugezogen haben und an Tuberkulose erkrankt sein. Er litt außerdem an Knochenschwund im Bereich des Unterkiefers, wodurch er einen Großteil seiner Zähne verlor. Belegt sind zudem zahlreiche Unterleibsbeschwerden. Paganinis herausragende Fähigkeiten im Umgang mit seinem Instrument, die große Geschwindigkeit, mit der er spielte, lassen sich einigen Theorien zufolge ebenfalls auf ein körperliches Problem zurückführen – eine Bindegewebsschwäche soll die ungewöhnliche Beweglichkeit seiner Fingergelenke ermöglicht haben.

Die Kombination all jener Eigenarten löste beim Publikum eine zwiespältige Reaktion aus. Beim Anblick des Musikers regte sich in den Menschen Widerwillen, viele empfanden ihn als unappetitlich, wenn nicht geradezu widerlich. Sein Erscheinungsbild und seine seltsamen Bewegungen wirkten unsympathisch. Im völligen Widerspruch dazu stand die Musik, die dieser seltsame Mann seiner Geige entlockte. Die klang überirdisch schön und hätte, gemäß der damaligen Denkweise, nur von einem besser aussehenden Menschen erzeugt werden können.

Die Tragik seines Erscheinungsbildes und das Geschenk seines Könnens machten Paganini zu einem Phänomen, das man unbedingt sehen wollte. Im 19. Jahrhundert war dies jedoch nur möglich, wenn der Künstler in der Stadt gastierte und man eine der begehrten Karten für die Veranstaltung ergattern konnte. Was für ein Mensch Paganini war, welche Persönlichkeit sich hinter der Fassade verbarg, darüber wurde oft spekuliert. Eine Charaktereigenschaft stand jedoch stets außer Zweifel: Der Musiker war überaus geschäftstüchtig. Schnell erkannte er seinen Marktwert und nutzte das große Interesse aus. Karten für die Konzerte Paganinis galten als extrem teuer.

Diese Geschäftstüchtigkeit bedeutete jedoch nicht, dass Paganini mit Geld umgehen konnte. Es gilt als gesichert, dass er besessener Spieler war. Paganini nahm bei seinen Konzerten Unsummen ein, verspielte die Gagen jedoch häufig gleich wieder. Schließlich aber wurde sein Verdienst so groß, dass er trotz des Glücksspiels ein Vermögen besaß: Paganini war ein Millionär. In jener Zeit hatte dieser Begriff noch eine ganz andere Bedeutung. Im 19. Jahrhundert lebte ein großer Teil der Bevölkerung in

Armut. Der damalige Wert von einer Million würde sich heute im Bereich von mehreren Millionen bewegen.

Paganini gelang es, diese Summe anzuhäufen, indem er unaufhörlich arbeitete, und auch in diesem Arbeitspensum ist eine Parallele zu David Garrett zu sehen. Nachdem Paganini von 1810 bis 1828 im Rahmen unzähliger Konzerte seine Heimat Italien erobert hatte, setzte er seine Karriere im Ausland fort. 1828 reiste er nach Wien. Sein Ruf war ihm vorausgeeilt und die Hauptstadt Österreichs war bald vom Paganini-Fieber erfasst. Verkaufstüchtige Händler verzierten alle erdenklichen Gegenstände mit einem Porträt des Künstlers und erzielten damit hohe Einnahmen. Die Zeitungen berichteten über den Künstler, sein Kleidungsstil wurde in der Modewelt diskutiert und der Besuch eines seiner Konzerte war ein Muss. Weitere Reisen folgten. In einer Zeit, in der man in einer Kutsche Tage benötigte, um von einer Stadt in die andere zu gelangen, besuchte Paganini Prag, gab in mehr als 40 deutschen Städten Konzerte und trat in Polen, Frankreich und Großbritannien auf.

Die Zeit in Großbritannien und die Umstände, unter denen seine dortigen Auftritte stattfanden, zählten zu den wohl ungewöhnlichsten Momenten seiner beispiellosen Karriere – und sie bildeten einen der zentralen Punkte bei der Ausarbeitung der Handlung des Kinofilms.

Niccolò Paganini erreichte London im Mai 1831. Er ging mittlerweile auf die 50 zu, die vielen Krankheiten hatten deutliche Spuren hinterlassen und zehrten weiter an seinem Körper. Paganini hatte seinen künstlerischen Zenit bereits überschritten, sein Mythos jedoch war ungebrochen. Genauso wie sein Spaß am Geldverdienen.

In London überspannten der Künstler und sein Manager Francesco Urbani den Bogen deutlich. Für die ersten Konzerte wurden derart hohe Eintrittspreise angesetzt, dass es zu Proteststürmen kam. Das Publikum weigerte sich, die geforderten Summen zu zahlen, und Paganinis Geschäftsgebaren wurde öffentlich als Akt der Ausbeutung angeprangert. Zudem wurden bald weitere Hintergründe von Paganinis Reise nach England bekannt. Der Künstler war nicht gänzlich aus eigenem Antrieb nach London gekommen, er wurde dafür bezahlt. Der britische Impressario John Watson, so schrieben die Zeitungen, habe Paganini regelrecht eingekauft. Der Virtuose erhalte monatlich eine sehr hohe Summe, müsse dafür aber an jedem Ort spielen, an dem es sein Geldgeber wünsche. Dieser übernahm im Gegenzug alle Risiken und kümmerte sich darum, dass möglichst viele Besucher erschienen. Aufgrund dieser Vereinbarung trat Paganini nicht allein in London auf, sondern bereiste auch die britische Provinz. Er blieb bis 1832 in Großbritannien und soll in dieser Zeit mehr als 130 Konzerte gegeben haben.

Paganinis Großbritannienreise wurde zu einem geschäftlichen Erfolg – nicht nur für den Künstler selbst, der ja ohnehin eine feste Gage bekam, sondern auch für John Watson, der dadurch vor dem finanziellen Ruin bewahrt wurde. Watson besaß zwar einen guten Ruf, war aber längst nicht so vermögend, wie es nach außen hin schien. Um Paganini nach Großbritannien zu holen, verkaufte er sprichwörtlich sein letztes Hemd und veräußerte sogar den geerbten Schmuck seiner Frau.

Für Paganini erwies sich der Besuch der britischen Inseln auch in privater Hinsicht als reizvoll. Der alternde Virtuose lernte die Tochter seines Geldgebers John Watson, Charlotte, kennen, die zu jenem Zeitpunkt gerade einmal 16 Jahre alt war. Paganini verliebte sich bis über beide Ohren in das Mädchen. Als der Geiger nach seinem einjährigen Aufenthalt in Großbritannien auch wieder Konzerte in Frankreich gab und für die Wiedersehen mit Charlotte zwischen den beiden Ländern hin- und herpendelte, entstand der Plan zu einer gemeinsamen Flucht mit der Geliebten. Im Jahr 1834 reiste er deshalb zu einem geheimen Treffen mit dem Mädchen in die französische Grafschaft Boulogne. Doch der Vater intervenierte. Die Beziehung des ungleichen Paares wurde bekannt und weitete sich zu einem Skandal aus. Der teuflische Geiger habe die junge Frau entführt, hieß es bald. Paganini verteidigte sich gegen die kursierenden Gerüchte in einem offenen Brief – die tatsächlichen Umstände sind aber bis heute ungeklärt.

Gekränkt reiste Paganini nach den vielen Jahren im Ausland zurück in seine Heimat Italien. Dort sollten ihm bis zu seinem Tod nicht mehr viele Jahre bleiben. Sein Gesundheitszustand verschlechterte sich weiter, bald schon konnte er nicht mehr sprechen. Am 27. Mai 1840 starb Paganini in Nizza. Ruhe sollte ihm aber auch dann noch nicht vergönnt sein: Auf bischöflichen Befehl wurde ihm ein Begräbnis auf einem christlichen Friedhof verwehrt. Später wurden sein Gebeine mehrmals umgebettet. 1896 wurde Paganini schließlich auf einem Friedhof in Parma bestattet.

Über diesen Mann wollte David Garrett nun also einen Film drehen. Hinter diesem Vorhaben stand erneut nicht allein die Idee, einem großen Künstler zu huldigen. Das Medium Film war eine weitere Facette des Crossover-Projekts, durch das er klassische Musik einem breiteren und vor allem jüngeren Publikum zugänglich machen wollte. Diesmal sollte die Lebensgeschichte des wohl größten Geigers aller Zeiten im Mittelpunkt stehen, und tatsächlich boten dessen irdische Jahre ausreichend Stoff für eine spannende Verfilmung. Außerdem gab der rund 90-minütige Film David die Möglichkeit zu umfangreicher musikalischer Untermalung.

Völlig neu war die Idee der filmischen Auseinandersetzung mit dem Teufelsgeiger jedoch nicht: Ende der 1980er-Jahre hatte der umstrittene deutsche Schauspieler Klaus Kinski bereits einen Film über Paganini vorgelegt, in dem er gleichzeitig Regie führte, die Hauptrolle spielte und zuvor auch das Drehbuch geschrieben hatte. *Kinski Paganini*, so der Name des Films, war jedoch das typische Werk eines Künstlers, dem oft genug nachgesagt wurde, sich am Rand des Wahnsinns zu bewegen. Er bildete das Leben Paganinis nicht chronologisch ab, sondern beschäftigte sich vor allem mit den sexuellen Begierden des Geigers und mit der Wirkung, die seine Musik auf das weibliche Geschlecht ausübte. Kritiker waren zudem der Meinung, dass Kinski nicht Paganini spielte, sondern an dessen Vita sein eigenes Leben abbildete.

Kinski selbst war für ein ausschweifendes Sexualleben bekannt und auch die im Film thematisierte Sucht nach Anerkennung durch das Publikum war nach Ansicht der Kritiker eine der Triebfedern von Kinskis Schaffen. Das Fehlen einer Handlung und die einem Delirium gleiche Darstellungsform ließen einen Erfolg des Films als unwahrscheinlich erscheinen. Tatsächlich lehnten die Filmfestspiele von Cannes den Film ab, da sie ihn als pornografisch erachteten. Später wurde *Kinski Paganini* in einer gekürzten Fassung in einigen wenigen Kinos gezeigt, jedoch mit geringem Interesse der Öffentlichkeit. *Kinski Paganini* sollte der letzte vollendete Film des Schauspielers bleiben, Kinski starb 1991.

Einen solchen Flop wollten David und das Team natürlich nicht hinlegen. Ihr *Paganini – der Teufelsgeiger* sollte mit Kinskis Machwerk kaum mehr als den Namen des Protagonisten gemein haben. Das Projekt war auch nicht durch das Streben eines Einzelnen nach künstlerischer Selbstverwirklichung motiviert, sondern es handelte sich um eine Großproduktion mit einem Budget von rund zehn Millionen Euro, die möglichst viele Besucher in die Kinos locken sollte.

Von diesem Anspruch zeugte auch die hochkarätige Besetzung. Der britische Schauspieler Jarred Harris übernahm die Rolle des Francesco Urbani, des Begleiters von Paganini. Jared Harris ist ein Sohn des berühmten Filmstars Richard Harris und spielte bisher zum Beispiel in Fernsehserien wie *Mad Men* oder *Fringe* sowie unter anderem in dem *Sherlock Holmes*-Kinofilm von 2011 mit. John Watson wurde von dem Briten Christian McKay dargestellt, der einem breiteren Publikum vor allem durch seine Rolle als Kardinal Ascanio Sforza in der Fernsehserie *Borgia* bekannt wurde. Watsons Ehefrau wurde von der deutschen Schauspielerin Veronica Ferres verkörpert, Andrea Deck spielte die Geliebte Paganinis Charlotte Watson. Eine weitere tragende Rolle kam in dem Film der Journalistin Ethel Langham zu, die bedeutenden Anteil an Paganinis Karriere hatte. Langham wurde von Joely Richardson gegeben. Die britische Darstellerin ist vor allem für ihre Rollen in den Fernsehserien *Nip/Tuck* und *Die Tudors* sowie für ihr Mitwirken in der

Hollywood-Verfilmung des Stieg-Larsson-Thrillers *Verblendung* bekannt. Als Regisseur wurde Bernard Rose verpflichtet, der auch das Drehbuch schrieb.

Trotz aller schauspielerischer Prominenz war während der Vorbereitungen zu dem Film bereits klar, dass die Rolle des Niccolò Paganini kein anderer übernehmen konnte als David selbst. Einerseits, weil Garrett daran sehr großes Interesse hatte, andererseits, weil es ihm allein möglich war, den Virtuosen glaubhaft zu verkörpern. Vor allem für Szenen, die Paganini auf der Bühne spielend zeigten, war dieser Aspekt zentral. Schließlich krankte schon Kinskis Version neben allen anderen Schwächen daran, dass der Schauspieler immer dann unglaubwürdig wirkte, wenn er die Geige in der Hand hielt. Außerdem war man sich darin einig, dass David die Aufgabe problemlos bewältigen könnte und sein Idol mit dem ihm eigenen Perfektionismus verkörpern würde. Von professioneller Seite wurde David sogar davon abgeraten, vor dem Beginn der Dreharbeiten noch Schauspielunterricht zu nehmen, da dies seine Natürlichkeit beeinträchtigen könnte.

Nur ahnte niemand, wie weit der Perfektionismus eines David Garrett wirklich ging. David stimmte dem Vorschlag, keinen Schauspielunterricht zu nehmen, zwar zu, ließ sich aber insgeheim in New York zwei Monate lang nach dem sogenannten Method Acting unterrichten. Diese Lehre geht auf den Regisseur und Schauspiellehrer Lee Strasberg zurück, der Darsteller dazu anregen wollte, nicht einfach etwas zu imitieren oder nachzuspielen, sondern sich in die Situation, in der die verkörperte Figur sich befindet, hineinzuversetzen, um dann aus diesem inneren Empfinden heraus zu agieren. Zu diesem Zweck führte Strasberg Entspannungs- und Erinnerungsübungen durch, mit denen die Schüler sich an ähnliche Situationen in ihrem eigenen Leben erinnern sollten und daran, wie sie selbst sich verhalten hatten, was sie dabei fühlten. Durch dieses Vorgehen sollte eine glaubhaftere und intensivere Darstellung der Charaktere durch die Schauspieler erreicht werden.

Am 30. Juli 2012 begannen die Dreharbeiten, die 30 Tage dauern sollten. Es wurden Szenen in Wien und an anderen Außenschauplätzen sowie in den Bavaria Filmstudios in München gedreht. In welch großen Dimensionen das Projekt angelegt war, zeigte sich schon früh in der Statistik: Allein für die Münchener Drehtage wurden 600 Statisten engagiert. Wenige dieser Komparsen dürften allerdings der Szene beigewohnt haben, die bald die Schlagzeilen über den Paganini-Film bestimmten: Es wurde bekannt, dass David auch Nacktszenen spielen, sich also auf der Kinoleinwand seinen Fans für Momente bar jeder Kleidung präsentieren würde.

Mit dem Bereich, der einen Großteil von Davids Arbeit an dem Film ausmachte, beschäftigten sich die Medien dagegen kaum. Die Musik war zentraler Aspekt seiner Betätigung. Um einen perfekten Soundtrack komponieren oder arrangieren zu können, studierte David das umfassende Werk Paganinis intensiv. Er wollte für wirklich jede Szene und jede Stimmung die passende Musik finden. Bei der Auswahl des jeweils geeigneten Werks sollte es jedoch nicht bleiben. Wie David erzählte, war Niccolò Paganini beim Komponieren und Arrangieren eher sparsam vorgegangen und hatte sich dabei überwiegend auf die für ihn persönlich bedeutenden Partien der Geige konzentriert. Die Orchestrierung hatte Paganini anderen überlassen und sich dabei nicht immer der Besten bedient, sondern häufig auf jene zurückgegriffen, die am wenigsten Geld verlangten. Also überarbeitete David zusammen mit einem Freund die Arrangements, die dann auch deutlich ausgefeilter klingen sollten.

Den Traum von einem Paganini-Film, in dem er die Hauptrolle spielte, konnte David sich also erfüllen. Ein anderer blieb jedoch bei den auf möglichst viel Originalität bedachten Dreharbeiten unerfüllt. David verkörperte zwar Paganini und spielte dessen Musik, doch er spielte sie auf seiner eigenen Geige. Auch angesichts des für den Film aufgewendeten Millionenbudgets war es nicht möglich, David auf einer von Paganinis Geigen spielen zu lassen, vor allem nicht auf dem Lieblingsinstrument des Teufelsgeigers.

Als Niccolò Paganini starb, zählten zu seinem Nachlass insgesamt 15 Violinen. Davon stammten sieben aus Werkstatt Antonio Stradivaris, jedoch zählte keine von diesen zu Paganinis Favoriten. Sein Lieblingsinstrument war die Il Cannone Guarnerius, eine Geige, die vermutlich im Jahr 1742 von Giuseppe Guarneri in Cremona gebaut wurde – in der Stadt, in der auch Stradivari arbeitete. Paganini erhielt das Instrument zunächst als Leihgabe für ein Konzert, anschließend machte der Eigner es ihm zum Geschenk. Paganini beließ die Geige nicht in ihrem Originalzustand, sondern ließ sie seinen persönlichen Bedürfnissen entsprechend umarbeiten. Nach seinem Tod vermachte Paganini seine Lieblingsgeige der Stadt Genua. Dort ist sie heute im Palazzo Doria Tursi ausgestellt. Lange Zeit durfte die Geige von Fremden weder berührt noch gespielt werden. Mittlerweile kommt jährlich der Gewinner des Wettbewerbs »Premio Paganini« in den Genuss »Il Cannone« einmal spielen zu dürfen.

Als David mit dunkel gefärbten Haaren und Backenbart in die Rolle seines großen Vorbilds schlüpfte, war man in Genua nicht dazu bereit, die Geige nun sogar einem Filmprojekt zur Verfügung zu stellen. Also hofft David immer noch darauf, eines Tages die Il Cannone Guarnerius in den Händen zu halten.

3. Satz:

Allegro – Hinter dem Lächeln

Die vergessene andere Seite

Klassikstar, Popstar, nun bald auch Filmstar – David hatte alles erreicht. Er befand sich auf dem Höhepunkt seiner bisherigen Karriere. Das Jahr 2012 wurde erneut zu einem Triumphzug des Musikers Garrett, während der Mensch David sich in der Warteschleife befand.

Es war ein weiteres Jahr, das randvoll mit Arbeit gefüllt war. Davids Tournee mit seinem neuen Programm *Rock Anthems* begann in den ersten Monaten dieses Jahres und wurde im Winter fortgesetzt. Die Bühnenshow war noch aufwendiger als alles, was Garrett bisher geboten hatte. Die Lightshow tauchte die Bühne in pulsierendes Licht und wechselte in perfekter Choreografie die Stimmung zwischen musikalischem Rausch und Intimität – je nachdem, ob David gerade eine Zuhörerin auf die Bühne geholt hatte und auf einem Sofa sitzend scheinbar ein Privatkonzert gab oder ob er von Seilen gehalten über der jubelnden Menge schwebte.

Außerdem veröffentlichte David Garrett 2012 ein neues Album. Es trug den schlichten Titel *Music* und erreichte erneut eine hervorragende Positionierung in den Charts – zwar nicht mehr wie *Rock Symphonies* Rang eins, aber immerhin den zweiten Platz. *Music* enthielt einmal mehr ein Best of berühmter Rock- und Popsongs wie *Music* von John Miles und *We Will Rock You* von Queen, zaghaft durchmischt von Klassik.

Wie üblich gab David des Weiteren zahllose Interviews. Doch Davids Fans erhielten nur noch selten neue Informationen über ihr Idol. Kritiker waren schnell zur Stelle und unterstellten dem scheinbar ewig lächelnden Star Oberflächlichkeit, wiesen ihn als jemanden aus, der nicht mehr als Allgemeinplätze zu äußern wusste. Doch diese Kritiker irrten sich grundlegend. Hätten sie sich mit dem Menschen David Garrett wirklich beschäftigt, hätten sie erkannt, dass die zur Schau gestellte Oberflächlichkeit Ergebnis gründlicher Überlegung war.

David hatte zwar lange Zeit immer wieder betont, dass er wie ein offenes Buch sei, dass man ihn alles fragen könne und er darauf wahrheitsgemäß antworten würde. Doch seit dem Beginn seiner zweiten Karriere hatte David erkennen müssen, dass zwischen dem, was er sagte, und dem, was die Medien daraus machten, ein großer Unterschied bestand. Ihm war bewusst geworden, dass es nicht wichtig war, wie viel er wirklich von sich preisgab. Wesentlich für die Gespräche war vielmehr, dass er die Fragen so beantwortete, wie es die Journalisten von ihm erwarteten, würden sie ihm doch ansonsten Worte in den Mund legen, die ihren Vorstellungen entsprachen. Diese aus der bisherigen Wiedergabe seiner Äußerungen gewonnene Einsicht führte dazu, dass David Garrett sich ein Repertoire an Standardantworten zurechtlegte und seinen Ärger über die sich ständig wiederholenden Fragen weglächelte.

Auch im Jahr 2012 wurde David mit unerfreulicher Regelmäßigkeit zu den immer gleichen Themen befragt. Man wollte von ihm wissen, was jeder längst wusste: Ob er denn tatsächlich in New York als Model gearbeitet habe, ob er stolz auf den – zu dieser Zeit schon nicht mehr aktuellen – Eintrag im Guinnessbuch der Rekorde als schnellster Geiger sei. Auch nach seinem Verhältnis zu seinem einst so strengen Vater wurde er gefragt, er wurde aufgefordert zu erzählen, was er für sein Aussehen tue und mit welcher Frau er gerade zusammen sei.

Themen, die David am Herzen lagen, interessierten seine Gesprächspartner nicht. Momente, in denen er fachkundig über Musik sprechen konnte oder über sein Ziel, mittels seines Erfolgs der klassischen Musik zu neuem Glanz zu verhelfen, waren selten. Also stellte sich David auf die Standardfragen ein, beantwortete sie in inhaltlich befriedigender Form und schloss damit die Möglichkeit aus, dass andere Einblick in sein Innerstes erhielten. Dass hinter dieser Fassade ein intelligenter Kopf agierte, blieb häufig verborgen.

Mitnichten hatte David Garrett in den wenigen Jahren, die seit seinem Debüt *Virtuoso* vergangen waren, die Auseinandersetzung mit seinen Zielen und Idealen beiseitegelegt. Doch sein letztes wirklich offenes Interview lag zum Zeitpunkt des Erscheinens von *Music* bereits ein gutes

Jahr zurück. Dieses Gespräch, das mehr über David Garrett aussagte als jeder Auftritt in einer Talkshow, war außerdem von den meisten Menschen gar nicht registriert worden.

Im November 2011 hatte sich David zu einem Gespräch mit der Moderatorin Katrin Bauerfeind für das nach ihr benannte Popkulturmagazin *Bauerfeind* getroffen. Da dieses Magazin von dem Spartensender 3sat ausgestrahlt wird, stand von Anfang an fest, dass das Interview nicht von einer großen Anzahl Zuschauer verfolgt werden würde – der Marktanteil des vornehmlich auf Kultur spezialisierten Programms lag bei gerade einmal einem Prozent.

Es stand also nicht zu erwarten, dass dieses Zusammentreffen sich zu einem Gespräch nach dem Motto »David Garrett packt aus« oder »Der Wundergeiger erzählt intimste Geheimnisse« werden sollte. Es war nicht vorherzusehen, dass David gerade die sehr persönliche Gesprächsatmosphäre, die auf Showeffekte gänzlich verzichtete, und die ehrlich wirkende Neugier der Moderatorin genoss. Dieses Ambiente resultierte in einem jener raren Momente, in denen David Garrett vor einer Kamera wirklich nachdachte, in sich ging und auch über Ängste sprach. Selbst als die schon so oft diskutierten Lebensjahre als Wunderkind noch einmal thematisiert wurden, kamen diesmal neue Aspekte ans Licht, denn David gab zu, dass es ihm immer noch schwerfiel, an diese Zeit zurückzudenken und sich damit zu arrangieren.

David berichtete von einem Vorfall, der, so geringfügig der Anlass an sich auch war, viel mehr über seine Kindheit und den durch seine Eltern erfahrenen Drill aussagte, als es eine langatmige Abhandlung über dieses Thema hätte tun können. Er erzählte von einem Tag in seinem Leben als Siebenjähriger, an dem eines der damals bereits regelmäßigen Konzerte auf dem Programm stand – ein Auftritt vor kleinem Publikum und keine Großveranstaltung, die abzusagen Unsummen gekostet hätte.

Eine Biene hatte den Jungen in den Fuß gestochen. Der Stich schmerzte und Davids Fuß war so dick angeschwollen, dass er in keinen Schuh mehr passte, auch nicht in einen Schuh der Eltern. Ein Tag also, an dem andere Eltern ihrem Kind Trost gespendet und die Verletzung versorgt hätten. Davids Eltern war jedoch nichts wichtiger als das Konzert, das ihr talentierter Sohn zu absolvieren hatte. Sie schickten David in Socken auf die Bühne – Hauptsache, er spielte und begeisterte das Publikum.

Als Bauerfeind im Anschluss an diese Erzählung fragte, ob er damals seine Eltern gehasst habe oder zumindest böse auf sie gewesen sei, wich David aus und suchte sichtlich das Wort »Hass« zu vermeiden. Seine ganze Kindheit sei er …, begann David und ließ den Satz unvollendet. Er habe sie nicht gerade vergöttert, sagte er schließlich. Das Gefühl, das er seinen Eltern in jener Zeit entgegenbrachte, sei eine Mischung aus Respekt und einem gewissen Maß an Angst gewesen.

David war anzusehen und anzuhören, dass er sich bei der Erinnerung unwohl fühlte. Rasch lenkte er das Gespräch auf einen anderen Aspekt, der ihn die Vergangenheit besser ertragen ließ. Es gebe einen Punkt, an dem man erwachsen sein müsse, einen Punkt, der es ihm ermögliche, Gutes aus jenen Jahren zu ziehen und diese nur noch als unangenehm zu beschreiben. Als Erwachsener könne er sich sagen, dass alles, was er durchleiden musste, tatsächlich ein gutes Ende genommen habe: Ohne die Strenge der Eltern und die Förderung seines Talentes wäre er nicht zu dem Star geworden, der er nun war, und hätte seine Freude an der Musik nie in der Form ausleben können, wie es ihm jetzt möglich war. »Deswegen kann und will ich nicht undankbar sein – weil es Sinn gehabt hat«, erklärte David.

Bei der Förderung des Kindes hätten die Eltern dann sicherlich auch übertrieben – nicht aus Missachtung, sondern aus Unerfahrenheit, da sie auf keinerlei Erfahrung und Unterstützung bei der Erziehung eines sogenannten Wunderkindes zurückgreifen konnten. Da ihm aber bewusst sei, so David, dass all diese Umstände sein aktuelles Leben hervorgebracht hätten, würde er nichts an dieser Zeit ändern wollen. Dennoch fügte er hinzu: »Wenn du mir sagen würdest, ich könne noch mal zehn Jahre alt sein bei meinen Eltern, würde ich sagen: Nee. Ich würd's nicht ändern, aber nicht noch mal!«

Als Bauerfeind daran erinnerte, dass David vor Beginn der Sendung erklärt hatte, sich gerade zu diesem Thema nicht äußern zu wollen, wurde das Gespräch noch emotionaler. David antwortete mit einer Reihe kaum vollendeter Sätze: »Das ist die einzige Sache … Wenn ich dann anfange darüber nachzudenken … Ich hab's auch aufgearbeitet … Ich fang jetzt auch nicht an zu flennen.« Die Gedanken an seine Kindheit, erklärte er, seien ein Bereich, in dem er sich unwohl fühle. »Wenn ich drüber nachdenke, ist es einfach hart. Ich war unglücklich in der Zeit. Und ich habe sehr lange gebraucht, einfach einen Weg da raus zu finden.«

Auch das von David wenig favorisierte Thema Pubertät war Gegenstand des Interviews, allerdings nicht, um wie in der Boulevardpresse üblich, über die erste Liebe zu sprechen. Bauerfeind wollte wissen, wie sich bei David die für pubertierende Jugendliche übliche Rebellion gegen die von den Eltern auferlegte Strenge geäußert habe. Erneut gab eine eher unspektakuläre Episode Aufschluss über das Leben im Hause Bongartz. Angesichts der Strenge und des konservativen Stils des Elternhauses habe er sich bis zu seinem Abitur zurückgehalten, so David. Sein Aufbegehren habe darin bestanden, dass er am Mittagstisch gegen den Willen seiner Eltern nicht aufgegessen habe. »Das war meine Rebellion zu Hause.«

Da das Gespräch weiterhin um die möglichen Fehler von Eltern bei der Förderung talentierter Kinder kreiste, kam noch ein weiterer Aspekt zutage, der Einblick in Davids Gefühlswelt bot und erklärte, warum David so lebte, wie er lebte. Warum er von Termin zu Termin hetzte, sich ganz auf die Arbeit konzentrierte und sich unentwegt beschäftigte. Die so aussagekräftige Antwort wurde durch Bauerfeinds Frage, was Ruhe für David bedeute, initiiert. »Ich kann die Ruhe in Person sein mit unglaublich viel Lärm um mich herum. Und ich kann unglaublich angespannt sein, wenn es still ist.« Die Begründung für diese Gefühlslage lieferte David gleich mit und bot damit etwaigen die Sendung verfolgenden Psychologen Nahrung: »Weil man dann eher an sich arbeitet. Man hat keine Ablenkung.«

Im Rahmen dieses Interviews zeichnete David ein Bild von sich, das über alle bisherigen Erklärungsmodelle für seinen Arbeitseifer und seine Umtriebigkeit hinaus verdeutlichte, dass in seinem Inneren noch etwas arbeitete, das ihn antrieb, und dass er vor der Auseinandersetzung damit floh. David bot auch sofort die Zusammenfassung, die in jenem Moment vermutlich jeder Therapeut auf seinem Notizblock festgehalten hätte: »Ich mag ja Abwechslung, dann muss ich nicht über mich nachdenken.«

Nach dieser Erklärung schien David überrascht über seine eigene Offenheit und auch über die Intensität des Gespräches, die er in jener Zeit von den Medien längst nicht mehr gewohnt war. »Wenn du jetzt RTL wärst, wüsste ich, die nehmen da nur zehn Sekunden von und dann zeigen sie meine Schuhe.« Generell fand der Umgang der Medien mit Garrett in dieser Sendung kritische Betrachtung. David erzählte, dass er manchmal vor Interviews klarstellte, er wolle nicht über das Thema Frauen sprechen. Fragen diesbezüglich waren in jener Zeit häufig, da die *BILD* gerade von den acht Frauen berichtet hatte, die David angeblich bei seinen Reisen um die Welt für ganz bestimmte Begegnungen aufsuchte. Doch wie in vielen anderen Fällen auch, konnte David sich nicht daran erinnern, solche Informationen jemals artikuliert zu haben. Er war der Meinung, dass das öffentliche Bild zu seiner Person zu einem großen Teil durch Zitate geprägt war, die nicht auf seine eigenen Äußerungen zurückgingen.

Die Moderatorin lenkte das Gespräch auf Davids oft wiedergegebene Ankündigung, er sei wie ein offenes Buch und würde allen Fragen aufgeschlossen begegnen. Zwar erklärte er nicht direkt, dass er diese Haltung längst abgelegt hatte, deutete jedoch an, dass er mit seinen öffentlichen Aussagen inzwischen weitaus vorsichtiger umging. »Mittlerweile habe ich das Gefühl, ich muss manche Sachen rechtfertigen, die ich wirklich … ich schwör's dir, ich kann mich nicht erinnern, dass ich das gesagt habe.« Diese immer wiederkehrenden Fragen, so David, hätten ihn zwischenzeitlich zu sehr merkwürdigen Überlegungen veranlasst, vor allem, wenn sie in einer Umgebung thematisiert wurden, die er eigentlich für seriös hielt. In solchen Momenten sei es schon vorgekommen, dass er an seiner eigenen Erinnerung gezweifelt und den Worten des Interviewers mehr Glauben geschenkt habe als sich selbst und seinem Gedächtnis.

Insgesamt zeichnete das Interview das Bild eines David Garrett, der ganz anders zu sein schien als der Star, der sich in jener Zeit gerade mit seiner *Rock Anthems*-Tour in Szene setzte. Dieses Porträt ließe sich durch weitere Aussagen von David Garrett verfeinern, die er an anderer Stelle machte. Zum Beispiel durch sein Bekenntnis, er habe nicht nur als Kind Einsamkeit gespürt, sondern diese Einsamkeit sei auch zu einem Begleiter seines erwachsenen Lebens geworden, den er sogar zu schätzen gelernt habe – vermutlich nicht zuletzt, weil es sich dabei um ein echtes Gefühl handelte, das der Künstler auch wirklich wahrnehmen und leben konnte.

Obwohl David versuchte, sich diese Einsamkeit schönzureden, ist sie vermutlich ein Gefühl, das an seiner Seele nagt. Einsamkeit begleitet den Musiker auf seinen Tourneen, wenn er die Bühne verlässt und von der Konzerthalle direkt in sein Hotel fährt, wo er sich früh schlafen legt, um am nächsten Tag wieder fit zu sein. David bewegte sich in einem Umfeld, in dem für Freundschaften kein Platz war. Die Menschen, die ihn umgaben, lebten von seinem Erfolg. Er bezahlte sie. Wie sollte er also wissen, ob ihm entgegengebrachte Freundlichkeit oder ein Ansinnen auf Freundschaft authentisch waren? Natürlich lernte er auch abseits der Musik Menschen kennen, doch wusste er häufig nicht, worüber er mit ihnen sprechen sollte, entfiel doch mit der Musik das für David zentrale Thema.

Vielleicht war aber auch die Einsamkeit Triebfeder für David Garretts Erfolg. David flüchtete vor dem Alleinsein, indem er der einzigen Beschäftigung nachging, die ihm Spaß machte, die ihn ganz erfüllte und die all seine Gedanken in Anspruch nahm. Statt sich zu langweilen, übte er Stücke ein. Erschien ihm ein Tag leer und sinnlos, plante er Konzerte oder schuf Konzepte für das nächste Album. Diese Ausrichtung führte zu einem von Arbeit durchdrungenen Alltag, der ihn zwar befriedigte, aber auch belastete. Doch für David gab es keine Alternative – nicht zuletzt, weil er einen weiteren Gedanken hegte, über den er nur selten sprach. David wurde auch von dem Gefühl angetrieben, dass ihm nicht viel Zeit auf Erden zu Verfügung stehe.

Noch ein David

Es wäre falsch, David Garrett nun als bemitleidenswerten Menschen anzusehen, der mittels der Konzentration auf seine Karriere vor sich selbst flüchtet. Sicher spielt diese Facette seiner Persönlichkeit eine nicht unwesentliche Rolle, der er sich selbst nur ungern stellt, doch David hatte sich zudem von Kindheit an eine Disziplin angeeignet, die ihn bis heute antreibt. Diese Disziplin nutzt er nun aber schon lange nicht mehr nur für sich allein. Er ist aufgrund seiner Willenskraft und seiner sehr präzisen Vorstellungen zu einem Motor geworden, der das Unternehmen David Garrett antreibt, auch andere zu Höchstleistungen auffordert und damit unentwegt zu neuen Gipfeln strebt.

Vermutlich war einst nicht einmal der DEAG und deren Chef Peter Schwenkow bewusst, welch arbeitsorientierten Motivator sie unter Vertrag nahmen. Der damals noch erfolglose David Garrett mochte zwar noch mit seiner Jugend hadern und aufgrund des weitgehenden Fehlens eines sozialen Umfeldes eine Spur Mitleid auslösen, doch eine daraus resultierende Unsicherheit bezüglich seines musikalischen Könnens war nicht zu bemerken. David war von seinen Fähigkeiten überzeugt. Schließlich hatte er doch sein Leben lang von den Größten seines Faches gehört, dass er einer der besten, wenn nicht der beste Violinist weltweit sei. Zudem ist David nicht nur mit seinem Instrument vertraut, er hat sich auch intensiv mit der Musik, ihrem Wesen und ihren Strukturen, beschäftigt. Es gibt nichts, wobei ihm noch jemand etwas vormachen könnte. Musikalisch hatte sich in David Garrett daher eine glasklare Überzeugung festgesetzt: Wenn er selbst etwas in die Hand nahm, dann gelang es besser, als wenn ein anderer diese Aufgabe übernahm. Diese Auffassung bezog sich natürlich in erster Linie auf sein Violinspiel, aber auch auf die Arrangements von live oder im Studio gespielten Werken. David wusste genau, welche Titel er für ein Album aufnehmen wollte, und wusste seine Überzeugung durchzusetzen.

Hatte Davids lebenslange Beschäftigung mit der Musik einerseits großes Selbstbewusstsein bezüglich seines Könnens hervorgebracht, fußte seine Arbeitsethik andererseits auf Überzeugungen, die er bereits in jungen Jahren verinnerlicht hatte. Der Star David Garrett lebte, was ihm als Kind anerzogen worden war: Ein von Faulenzen geprägter Tag konnte kein guter Tag sein. Für David war es von größter Bedeutung, am Ende jedes Tages das Gefühl zu haben, etwas geschaffen oder geschafft zu haben. Nur dann empfand er, sich selbst gerecht geworden zu sein, nur dann erlebte er eine Spur von Ruhe und Zufriedenheit, die ihn einschlafen ließ. Und jeden Morgen spürte er erneut den Drang, etwas zu leisten. Dieses Bedürfnis hatte längst einen Perfektionismus kreiert, der das gesamte professionelle Umfeld des Stargeigers einschloss. David Garrett wachte mit Argusaugen über jedes Detail und verzieh keine Fehler. Er wollte alles, was er in Angriff nahm, zu einem Ergebnis führen, hinter dem er mit voller Überzeugung stehen konnte. Den Anspruch, den er an sich selbst stellte, erwartete er auch von anderen.

Es gibt bekanntlich Künstler, die sich bevorzugt mit Menschen umgeben, deren Fähigkeiten nicht an ihre eigenen heranreichen, die niemanden von ähnlicher Klasse neben sich dulden, damit sie allein im Licht des Ruhmes stehen. David Garrett war das genaue Gegenteil davon. Er verlangte von sich absolute Perfektion und wollte bei seinen Auftritten und Aufnahmen mit Musikern zusammenarbeiten, die ebenfalls Meister ihres Faches waren. Nur durch diese Kombination war es seiner Meinung nach möglich, ein perfektes Werk zu präsentieren.

Wenn David Garrett auffiel, dass ein von ihm ausgewählter Musiker nachlässig wurde, griff der freundliche und immer noch jungenhaft wirkende David Garrett hart durch – nicht in Form von Beschimpfungen, sondern indem er den Instrumentalisten für die nächste Tournee nicht mehr engagierte.

Doch auch wenn Perfektion erreicht wurde, stellte diese in der Wahrnehmung David Garretts nur eine Momentaufnahme dar. Lief ein Konzertabend fehlerfrei und begeisterte das Publikum auf den ausverkauften

Rängen, löste dies für den Augenblick Zufriedenheit aus, zog jedoch am nächsten Tag erste Überlegungen nach sich, wie die erreichte Qualität noch zu steigern war. Wenn sich ein Album, dessen Titelliste bis ins Detail Davids Vorstellungen entsprach, dessen Aufnahmequalität hervorragend war und dessen Arrangements perfekt klangen, gut verkaufte, initiierte dies bei David Garrett Planungen, wie das nächste Album noch besser gelingen könnte.

David hält Zufriedenheit für einen Zustand, der nicht zu lange anhalten darf, da er der Kreativität und dem Wunsch nach weiterer Verbesserung im Weg steht.

Mehr als eine One-Man-Show

Der ständige Wunsch nach Verbesserung führte immer wieder zu Veränderungen in Davids musikalischem Umfeld – in seiner Band und bei den Solisten, die ihn begleiteten. In jüngerer Zeit jedoch scheint sich ein Zustand etabliert zu haben, der einer Form von Zufriedenheit entspricht. Wechsel in der Besetzung sind selten geworden.

Kontinuität beinhaltete letztendlich auch, dass bei CD-Aufnahmen und Konzerten eine gewisse Vertrautheit herrschte, die David das Gefühl der Verlässlichkeit vermittelte. Zudem entstand durch die kleine Gruppe von Profis eine Verbindung, die an Freundschaft erinnerte, obwohl sie natürlich durch das Verhältnis zwischen Arbeitgeber und Arbeitnehmer geprägt war.

Zu den langjährigsten musikalischen Begleitern von David Garrett zählt der britische Keyboarder und Pianist John Haywood. Die Zusammenarbeit begann 2005 noch vor dem Einsetzen der großen Erfolge des Crossover-Projekts. Haywood studierte am Royal College of Music in London, jener Hochschule also, an der David vor allem durch Abwesenheit geglänzt hatte. Später komponierte Haywood für das britische Fernsehen. Er schuf unter anderem die Erkennungsmelodien, die in Großbritannien die Berichterstattung der Fußballeuropameisterschaft 2008 kennzeichneten. John Haywood begleitete David auf Tourneen in Europa und in den USA. Er fungierte jedoch nicht nur als Begleitmusiker, sondern war auch für zahlreiche Arrangements auf der CD *Classic Romance* verantwortlich und übernahm bei *Encore* und *Rock Symphonies* die Rolle des Koproduzenten.

Eine ähnlich intensive und dauerhafte Zusammenarbeit besteht zwischen David Garrett und Franck van der Heijden, der nicht allein als Gitarrist an den Projekten mitwirkt, sondern auch als Dirigent, Produzent und Komponist. Van der Heijden arbeitete schon mit Andrea Bocelli und Meat Loaf zusammen, schrieb Musik für Werbespots und für das Fernsehen und war als musikalischer Direktor an den »Night of the Proms« beteiligt. Ebenso wie John Haywood musiziert Franck van der

Heijden seit dem Jahr 2005 mit David Garrett. An den Alben *Virtuoso* und *Encore* war er als Produzent und Arrangeur beteiligt.

Auch die übrigen Mitglieder der Band um David Garrett zeichnen sich dadurch aus, dass sie nicht nur als Begleitmusiker aktiv sind. Der in New York lebende Gitarrist Marcus Wolf, der seit 2009 an den Projekten Garretts mitwirkt, gründete 1999 sein eigenes Plattenlabel Occupancy, bei dem auch die mittlerweile vier CDs mit der Musik von Marcus Wolf erschienen sind. Für sein Album *Mirror* von 2010 spielte Wolf zusammen mit David Garrett *Little Wing* von Jimi Hendrix ein.

Der Schlagzeuger Jeff Lipstein arbeitete in seiner inzwischen 15-jährigen Karriere nicht nur mit David Garrett, sondern auch mit zahlreichen anderen namhaften Künstlern zusammen. Unter anderem ging er mit den als Blue Man Group bekannten drei blau maskierten Darstellern auf Tournee. Davids Bassist Jeff Allen ist Absolvent der Juilliard School und arbeitete in der Vergangenheit bereits mit Popstars wie Avril Lavigne zusammen.

Neben diesen festen Begleitern bei großen Projekten arbeitete David Garrett auch in kleinerem Rahmen wiederholt mit den gleichen Musikern zusammen. David absolviert jährlich Recital-Tourneen, bei denen er nur in Begleitung eines Pianisten oder einer Pianistin auftritt. Im Jahr 2007 spielte er dabei mit Catherine Gordeladze, 2008 und 2009 mit Milana Chernyavska zusammen. 2010 wählte Garrett jedoch einen Partner, der ihn von nun an durchgehend auf den Recital-Tourneen begleiten sollte und der ihm ein enger musikalischer Freund wurde. Der 1974 geborene Franzose Julien Quentin studierte zur gleichen Zeit wie David an der Juilliard School und machte anschließend im Bereich der klassischen Musik international Karriere. Er gab unter anderem Konzerte in Japan und Australien und begleitete zahllose herausragende Künstler auf dem Klavier. Die enge Zusammenarbeit zwischen Garrett und Quentin mag auch dadurch begründet sein, dass beide Musiker Wohnungen in Berlin besitzen und damit leichter die Gelegenheit bekommen, gemeinsam zu proben oder die Tourneen vorzubereiten.

Auch Julien Quentin ist also ein Beispiel dafür, dass David Wert auf hochklassige und angesehene Begleiter legt und dafür gern den durch seine Kreativität motivierten Wunsch nach Veränderung hintanstellt. Die Auswahl von professionellen Begleitern beschränkt sich aber nicht auf das musikalische Umfeld, sondern ist auch im geschäftlichen und planerischen Bereich zu beobachten. Schon mit der DEAG und Peter Schwenkow griff Garrett auf erfahrene Partner zurück, doch auch sein Manager Richard »Rick« Blaskey besitzt großes Renommee. Blaskey zeichnet sich in seiner langen Karriere für den Erfolg vieler Künstler verantwortlich. Als Vizepräsident der Plattenfirmen Arista Records und EMI war er unter anderem mitverantwortlich dafür, dass Tina Turner und Whitney Houston ihre Weltkarrieren starten konnten. Im Jahr 1990 gründete Blaskey das Unternehmen The Music & Media Partnership, das als Bindeglied zwischen der Musikindustrie und den Medien sowie anderen kommerziellen Unternehmen fungiert und zum Beispiel die Aufgabe der Vermarktung übernimmt. Daneben kümmert sich Blaskey um das Management von Künstlern. Er unterstützte José Carreras und war maßgeblich am Aufstieg des britischen Tenors Russell Watson beteiligt, der trotz seines großen Talentes zunächst als Fabrikarbeiter sein Geld verdienen musste, bevor er entdeckt und zum Star gemacht wurde.

Die wohl schillerndste Persönlichkeit in David Garretts Umfeld ist die Medien-Managerin Elke Krüger, eine ausgewiesene Expertin ihres Fachbereichs, die allerdings persönlich wenig an klassischer Musik interessiert ist und darüber kaum Detailwissen besitzt. In Krügers Verantwortung liegt es, Kontakte zu den Medien zu pflegen und Davids dortige Präsenz zu sichern – eine Aufgabe, die angesichts der immensen Anzahl von TV-Auftritten von David Garrett und der Presseberichte über den Künstler erstklassig erfüllt worden ist.

Die Tatsache, dass Krüger nun mit David einen klassischen Violinisten betreut, ist angesichts des bisherigen Musikgeschmacks der Medienmanagerin durchaus erstaunlich. Auf der Website des Medienbüros Elke Krüger findet man den Lebenslauf der Inhaberin in drei kurze Punkte unterteilt: Den Abschnitt seit der Gründung des Büros im Jahr 2005, die vorausgehende, 24 Jahre andauernde Beschäftigung bei der BMG Berlin Musik GmbH und die frühen Jahre als »The Teens Hauptfanclubleiterin«.

Es dürfte nur wenige Menschen geben, die eine Tätigkeit als Fanclubleiterin als einen der zentralen Abschnitte ihres Werdegangs angeben – vor allem, wenn es sich dabei um die Unterstützung einer Band handelt, die eine äußerst kurze und mittlerweile fast in Vergessenheit geratene Karriere hinlegte.

Wie der Name verrät waren The Teens eine Teenagerband. Die im damaligen Westberlin von fünf Jungen als Schülerband gegründete Gruppe wurde 1978 durch ihren Auftritt in der vom ZDF ausgestrahlten Sendung *Der große Preis* bundesweit bekannt. Bereits 1981 war der Ruhm jedoch schon wieder verblasst, ein Jahr später löste sich die Band auf. Geblieben ist aus jener Zeit kaum mehr als der Titel ihrer ersten Single, der sich vor allem aufgrund der extrem häufigen Wiederholung eines einzigen Wortes in das Gedächtnis einbrannte: *Gimme Gimme Gimme Gimme Gimme Your Love* ist eine denkbar simple, für jugendliche Hörer jedoch hervorragende geeignete Pophymne.

Dass The Teens nun stellvertretend für Elke Krügers Musikgeschmack stehen, erstaunt und lässt die Medienmanagerin für Davids Umfeld als denkbar unpassend erscheinen. Andererseits ist die Zusammenarbeit zwischen Garrett und Krüger ein weiterer Beweis dafür, dass David bei der Auswahl der Geschäftspartner allein deren Professionalität wichtig ist – private Vorlieben spielen keine Rolle.

Wer sich also bei der Durchsicht der Liste der von Elke Krüger bisher betreuten Künstler über die merkwürdige Kombination aus Wildecker Herzbuben, Bonnie Tyler, Jürgen von der Lippe und Lou Bega wundert, sollte nicht an deren Musik denken, sondern an die Tatsache, dass all diese Namen auch nach Jahren noch präsent sind. Dieser Bekanntheitsgrad ist auch auf das Engagement von Elke Krüger zurückzuführen, die mit sicherem Gespür den jeweils passenden Medienauftritt für den Künstler auswählt und dadurch für weitere Anfragen seitens der TV-Sender und Konzertveranstalter sorgt.

Es heißt, Elke Krüger sei selbst überrascht gewesen, als man mit dem Anliegen, einen Geiger zu betreuen, auf sie zugetreten war. Doch die bisherige mediale Präsenz David Garretts beweist, dass Krügers mangelnde Kenntnisse über die klassische Musik dem Erfolg keinen Abbruch taten.

Selbstverständlich haben auch die seit 2007 häufigen Auftritte David Garretts in den Medien zwei Seiten. Einerseits trugen sie wesentlich zum Erfolg des Violinisten bei. Andererseits führten sie dazu, dass sich auch in den Köpfen des Fachpublikums das Bild des »schönsten« und »schnellsten« Geigers festsetzte – eine Vorstellung, die ständig Anlass zur Kritik bot, da klassische Musik nach Meinung dieser Experten mit Starrummel unvereinbar ist.

Keine Atempause

Eine erfolgreiche Platzierung des Albums *Music* in den Charts, ein vollendeter Kinofilm und ein festes Umfeld von Personen, auf die David sich verlassen konnte – das also war der Stand der Dinge im ausgehenden Jahr 2012, einem Jahr, das sich einmal mehr durch ein immenses Arbeitspensum auszeichnete. Zu Davids weiteren Projekten 2012 zählten eine Recital-Tournee mit Julien Quentin, an der diesmal auch Davids Gitarrist Marcus Wolf teilnahm. Gespielt wurden dabei die *Kreutzersonate* von Beethoven und eine Violinsonate von Brahms. Außerdem gab David in Italien klassische Konzerte. Belohnt wurden diese Mühen mit dem Musikpreis ECHO Klassik für *Legacy* als Bestseller des Jahres.

2012 wurde David Garrett außerdem Botschafter für zwei Personen, deren Ansinnen unterschiedlicher nicht sein könnte: José Carreras und Thomas Sabo. José Carreras strebte diesmal keine musikalische Zusammenarbeit mit David an, sondern bat ihn um Unterstützung seiner Stiftung. Der spanische Tenor war im Jahr 1987 auf dem Höhepunkt seiner Karriere an Leukämie erkrankt. Trotz schlechter Prognosen überlebte Carreras und konnte sogar seine Karriere als Sänger fortsetzen. In Erinnerung an die schwere Zeit gründete er 1988 die Fundación Internacional José Carreras para la lucha contra la leucemia – die José Carreras Leukämie-Stiftung. David bezeichnete seine neue Aufgabe als Botschafter der Stiftung als echte Herzensangelegenheit.

Während der Einsatz für die die Jose-Carreras-Stiftung das Ziel verfolgte, Geld für einen guten Zweck zu sammeln, stand David Garretts Engagement für Thomas Sabo unter dem Zweck, für eine Produktlinie zu werben. Sabo ist ein ebenso außergewöhnlicher wie erfolgreicher Unternehmer, der sich innerhalb von zwei Jahrzehnten international als Juwelier etablierte. Für dieses Imperium diente David nun als Werbegesicht der ihm gewidmeten Schmucklinie »Rebel at Heart«. Fans konnten sich jetzt also im Stil ihres Helden schmücken, den 300 Euro teuren Totenkopfring in Sterlingsilber mit Diamant-Imitationen oder für 200 Euro den Silberanhänger in Geigenform erstehen.

Vorwärts in die Vergangenheit

2013 schien es, als sei das Produkt David Garrett komplett. Die Vermarktung lief reibungslos und war mit der Schmuckkollektion Sabos sogar über die Grenzen des Musikgeschäfts hinausgegangen. Außerdem standen einmal mehr große Tourneen auf dem Programm. Im April begann die »David Garrett & Orchester Tour 2013«, auf der ihn das Schweizer Orchester Festival Strings Lucerne begleitete. Präsentiert wurde mit dem Violinkonzert in D-Dur op. 77 von Johannes Brahms eines der bekanntesten Violinkonzerte überhaupt. Zudem ging David im Juni 2013 mit Crossover-Material auf Open-Air-Tournee, spielte im gleichen Monat auch vor dem amerikanischen Präsidenten Barack Obama im Rahmen dessen Deutschlandbesuchs. Zu einem Meilenstein im Leben des Stars wurde das Jahr 2013 jedoch aus einem anderen Grund.

David Garrett war jahrelang darum bemüht, sich aus seiner Vergangenheit zu lösen. Er war aus der Enge des Elternhauses nach London und New York geflohen, hatte sich zu einer eigenen Persönlichkeit entwickelt und eine einzigartige Karriere für sich verbucht. Doch so intensiv dieses Bestreben in den Jahren 2007 bis 2012 auch gewesen war, so sehr begleiteten David seine Kindheit und Jugend unter der glänzenden Oberfläche als dunkler Schatten – als eine Zeit, die David für sich beschönigte, indem er erklärte, das Erlittene habe seinen Wert gehabt, da es ihn zu dem Menschen geformt hatte, der er war, und vor allem, weil es ihn mit dem nötigen Rüstzeug für seine Musik ausgestattet hatte.

Angesichts der schmerzlichen Erinnerungen an die Strenge des Vaters und die Einsamkeit, in der die Geige die einzige Begleiterin war, schien es fast unmöglich, dass David noch einmal willentlich in diese längst vergangene Zeit eintauchen würde. Umso mehr überraschte die Ankündigung eines neuen Albums, das ganz und gar nicht in den bisher regelmäßigen Wechsel von Crossover- und Klassik-CDs passte. Das am 22. März 2013 veröffentlichte Album trug den knappen, aber vielsagenden Titel *14* und wurde von David selbst als Bindeglied zwischen seiner Zeit als Kind und als erwachsener Künstler bezeichnet.

Tatsächlich war *14* kein neues Album, sondern ein lange verloren geglaubtes Werk. *14* bezeichnet das Alter des Musikers zur Zeit der Aufnahme der CD. Es war die dritte Produktion, die David Garrett für sein damaliges Label Deutsche Grammophon einspielte – nach den beiden Erstlingswerken von 1995 und vor den zwei Jahre später aufgenommenen Capricen von Paganini. Für das Verschwinden des damals noch namenlosen Werks in den Archiven des Labels kursieren unterschiedliche Erklärungsmodelle, denen David selbst auch immer wieder Nahrung gibt. Eine Version besagt, die Plattenfirma habe das Material damals nicht veröffentlichen wollen und über die Jahre dann schlichtweg vergessen. Einer anderen Darstellung zufolge war es David selbst, der sich gegen die Veröffentlichung des Materials wehrte. Der Künstler, der die Existenz der Pubertät verneint oder zumindest kaum über diese Phase spricht, könnte also doch eine Episode frühpubertärer Trotzhaltung durchlaufen und über seine Musik rebelliert haben.

David Garrett spielte das Album im April 1995 zusammen mit dem Pianisten Alexander Markovich ein, der auch bei Davids Debüt-CD mitgewirkt hatte. Als Aufnahmestudio diente der Herkulessaal, ein Konzertsaal in der Münchner Residenz. Dass der junge David erneut von Markovich begleitet wurde, erscheint auf den ersten Blick als Anzeichen für die gute Verbindung zwischen den beiden ungleichen Musikern. Wird David heute jedoch nach seinem damaligen Partner gefragt, erzählt er, kaum je noch von ihm zu hören. Der 16 Jahre ältere Pianist war von Davids Eltern ausgewählt worden.

Auch die Botschaft, die das Album vermitteln sollte, hatten die Eltern festgelegt. Die dritte Aufnahme im Jahr der Erstveröffentlichungen des jungen Wundergeigers sollte den Hörern Davids virtuoses Spiel, seine Technik und sein handwerkliches Können demonstrieren. Zu diesem Zweck wurde ein rundes Dutzend Kompositionen ausgewählt, bei denen nicht der Genuss der Melodien im Vordergrund stand, sondern die beispielhaft Facetten der Kunst des Geigenspiels verdeutlichten.

Das vor 18 Jahren eingespielte Material bot nach der Veröffentlichung im Jahr 2013 Fans kaum Neues. Der eigentliche Reiz des Albums lag im Vergleich des Spiels des Wunderkindes mit den Interpretationen des erwachsenen Künstlers. Einige der auf *14* enthaltenen Titel hatten sich im Laufe der Jahre in die Lieblingsstücke Garretts eingereiht und waren deshalb auch auf späteren Alben aufgenommen worden. Besitzern mehrerer David-Garrett-CDs bot sich somit die Möglichkeit zum direkten Vergleich zwischen älteren und jüngeren Versionen von Dvořáks *Humoresque*, Kreislers *Liebesleid* oder Tschaikowskys *None But The Lonely Heart*.

Den Brückenschlag zwischen gestern und heute spiegelte auch das Cover der CD wider. Anders als bei den nahezu zeitgleich aufgenommenen, aber früher veröffentlichten Alben war auf *14* statt eines Fotos des Geigers mit Orchester ein Schwarz-Weiß-Porträt des jungen David zu sehen – das Bild eines Jugendlichen, dessen Blick eine Mischung aus Ernst, Arroganz und Unsicherheit zu transportieren schien. Das Porträt stammte aus einer der ersten professionellen Fotosessions mit dem jungen Musiker – und es versteht sich von selbst, dass der erwachsene David Garrett dieses Motiv eigenhändig ausgesucht hat.

Die Interpretation von Davids Gesichtsausdruck auf dem Coverfoto lässt sich durch die Rahmenbedingungen der Situation stützen, in der er sich damals befand. So wäre der Ernst womöglich darauf zurückzuführen, dass David anders als seine Altersgenossen in einer Welt voller Pflichten und Arbeit lebte. Arroganz mag unter Umständen dadurch motiviert gewesen sein, dass der junge Mann sich seines Status als ernst zu nehmender Musiker von internationalem Ruf schon bewusst war. Für die Unsicherheit wiederum spricht, dass 1995 bereits ein Umdenken begann. Davids Jahre als Wunderkind lagen hinter ihm, was die Zukunft ihm bringen würde und oder was er selbst von der Zukunft erwartete, war noch ungewiss. Außerdem hatte David zu jener Zeit bereits Ida Haendel kennengelernt, die Davids Gedanken mit der Anregung, dass Musik eine eigene Sprache bilde, die weit mehr beinhalte als das Ablesen von Noten auf einem Blatt, in eine neue Richtung lenkte. Auch die intensive Arbeit mit Isaac Stern, dessen Beurteilung seines Könnens David bis heute als wichtiger Gradmesser gilt, fällt in diese Lebensphase.

Nach der Veröffentlichung von *14* zeigten sich die Kritiker von den frühen Leistungen des Musikers angetan. Auch David selbst sagte, dass es ihn beim erneuten Anhören der 18 Jahre alten Aufnahmen überrascht hatte, wie hochklassig sein Spiel schon damals war. Wegen dieser Aussage wurde David eine gewisse Überheblichkeit nachgesagt. Sie stellte jedoch lediglich eine sachliche Wertung dar und man mag dem Künstler durchaus zugestehen, dass er bei der Beurteilung von musikalischen Leistungen über andere Kriterien verfügt als ein Hörer mit weniger geschultem Hintergrund.

Schnell zeigte sich, dass *14* nicht an die großen Erfolge der bisherigen Alben von David Garrett anknüpfen konnte. Allerdings ließ sich »Erfolg« bei diesem Album auch nicht im Hinblick auf Verkaufszahlen definieren.

14 erreichte nicht die oberen Ränge der Charts, war in finanzieller Hinsicht aber dennoch lukrativ, da die Produktion des Albums kaum Kosten verursacht hatte. Das Material war vorhanden und musste nur noch auf die Datenträger gespielt werden. Beim Cover konnte man auf bereits existierendes Bildmaterial zurückgreifen, aufwendige und teure Aufnahmen in einem Fotostudio waren nicht erforderlich. Böswillige Naturen könnten behaupten, dass es sich bei *14* um einen besonders geschickten Fall von Resteverwertung handelte: Man musste nur das Material aus der Schublade holen und der mittlerweile bekannte Name des Künstlers würde dann für einen zufriedenstellenden Abverkauf sorgen. Aus unternehmerischer Sicht eine Vermutung, die auch die Deutsche Grammophon gehegt haben mag.

Für David Garrett bedeutete *14* jedoch wesentlich mehr. Um den Stellenwert des Albums für den Künstler nachzuvollziehen, muss man sich nur die Überzeugung vor Augen halten, die David nach eigenem Bekunden in seinem Leben vertrat. Der erfahrene und immer noch junge Musiker beschreibt sich selbst als einen Menschen, der nie zurück, sondern immer nach vorne blickt, für den Stillstand Rückschritt bedeutet und der sich nur durch immer neue Aufgaben und Projekte weiterentwickelte.

Zu einer solchen Lebensphilosophie passte *14* überhaupt nicht. Doch die Entscheidung, das alte Material zu veröffentlichen, war auch nicht durch Davids professionelle Einstellung motiviert. Sie wurde von dem Menschen David Garrett initiiert, der sich aller öffentlichen Verlautbarungen zum Trotz immer wieder mit seiner Vergangenheit beschäftigte – so schwer es ihm auch fiel und so sehr er auch mit einem prall gefüllten Terminkalender gegen die stillen Momente des Nachdenkens anging.

Nun hatte sich David so weit entwickelt, dass er dem Blick zurück immerhin nicht mehr auswich. Gleichzeitig suchte er nach einem Weg, um innerlich mit der Vergangenheit abzuschließen. Andere Menschen würden in so einem Fall vielleicht das Gespräch mit den Eltern suchen, sich den Kummer von der Seele reden und versuchen, Schuldvorwürfe auszuräumen. In der Familie Bongartz schied dieser Weg jedoch aus. Was sollte David mit einem Vater klären, der fest davon überzeugt war, bei der Erziehung des Sohnes keine Fehler gemacht zu haben? Der der Überzeugung war, David nicht angetrieben zu haben, da der Sohn sich immer wieder selbst motiviert habe? Worüber sollte er mit einer Mutter sprechen, die immer wieder betonte, was für ein lebhaftes Kind David gewesen sei, wie gerne er auf Bäume geklettert sei und Fußball gespielt habe? Gegen eine solche selektive Wahrnehmung würde David nicht ankommen.

Also musste ein anderer Weg gefunden werden, um mit der Kindheit abzuschließen. Das beste Mittel zur Vergangenheitsbewältigung bildete für David Garrett natürlich die Musik. Das Album *14*, das am Ende der ersten Karriere und vor dem Beginn eines neuen Lebens entstanden war, war für David das Mittel, dieses Kapitel seiner Lebensgeschichte zu beschließen.

Der Blick nach vorn

Nach der Veröffentlichung des Albums *14* setzte sich Davids Leben mit der gewohnten Routine fort. Die angekündigten Tourneen wurden absolviert, im April 2013 veröffentlichte das Management außerdem bereits Termine für eine weitere Klassiktournee im Folgejahr. Im Grunde bestand ja auch keinerlei Notwendigkeit, an Veränderungen zu arbeiten. Die Premiere des Paganini-Films verlieh Davids Popularität einen weiteren Schub, der wiederum Basis für weitere erfolgreiche Projekte werden könnte, sei es durch die Veröffentlichung des von David erstellten Soundtrack des Films auf CD oder durch eine DVD zum »Making-of«, die Einblicke hinter die Kulissen böte.

Solche Projekte wären weitere Momentaufnahmen, die auf Davids bisheriger Karriere fußen. Tatsächlich aber darf man davon ausgehen, dass der Künstler sich nicht mehr lange mit dem bewährten Wechsel zwischen Klassik- und Crossover-CDs begnügen wird.

Schließlich hat David mit der Veröffentlichung der Albums *14* mehr denn je mit seiner Kindheit und den belastenden Erinnerungen abgeschlossen. Für den Workaholic David Garrett dürfte das bedeuten, dass der Blick nun wieder ausschließlich nach vorne gerichtet ist – und vielleicht weiter nach vorne, als sein direktes Umfeld es vermutet. In Davids beruflicher Umgebung zielt seit dem Beginn seiner zweiten Karriere alles auf Gewinnmaximierung und die bestmögliche Nutzung der Marke Garrett ab. Dort gilt die Maxime »Never change a winning team« – keine Veränderung, sondern im Bestehenden verhaften.

David selbst hat jedoch bereits gezeigt, dass ihm der Sinn nach Veränderung steht, nach der Erweiterung seines Spektrums. Der Stellenwert des Filmprojekts lag schließlich nicht nur darin begründet, dass David damit seinem großen Vorbild huldigen konnte, sondern auch, dass es für ihn ein Ausbrechen aus dem gewohnten Alltag bedeutete.

Genau dieser Ambition dürfte Garrett bald noch häufiger nachgehen. Schließlich gab er schon vor der Veröffentlichung von *14* preis, wofür er sich in Zukunft einsetzen könnte. Diese Information wurde weitgehend ignoriert, doch wenn ein David Garrett erzählte, dass er »Pavarottis Idee« gut findet, dann sollte das die Fans und das Management des Musikers aufhorchen lassen.

Diese »Idee« war nichts anderes als eine weitere Spielart des Crossover-Prinzips, die noch mehr Aufsehen erregte als Davids eigene CDs und Konzerte. Schließlich war Pavarotti der bedeutendste Tenor des 20. Jahrhunderts gewesen und einer der Größten seines Fachs weltweit.

Luciano Pavarotti hatte in den frühen 1990er-Jahren das außergewöhnliche Projekt »Pavarotti & Friends« ins Leben gerufen. Bei diesen Konzerten stand Pavarotti gemeinsam mit anderen herausragenden Musikern auf der Bühne, die nicht allein dem Bereich der Klassik entstammten, sondern auch die Pop- und Rockmusik vertraten. Die Liste der Künstler, die im Laufe der Jahre von Pavarotti zu diesen Veranstaltungen eingeladen wurden, liest sich wie ein Who's who der Musikwelt. Ob Céline Dion oder Deep Purple, Tom Jones oder Lionel Richie, Jon Bon Jovi oder Sting, sie alle sagten zu. Zu einem außergewöhnlichen Erlebnis wurden die Konzerte auch dadurch, dass Luciano Pavarotti selbst Duette mit den Popstars sang, unter anderem mit Mariah Carey und Bryan Adams.

Bei diesen Konzerten standen Gagen nicht im Mittelpunkt des Interesses. Die Konzerte standen stets unter einem bestimmten Thema und dienten dazu, auf Krisengebiete aufmerksam zu machen und den Menschen dort zu helfen. Berühmt wurden die Konzerte nicht zuletzt durch Momente, wie sie das Publikum am Abend des 12. September 1995 im italienischen Modena erlebte. Jene Veranstaltung stand noch unter dem Eindruck des von 1992 bis 1995 andauernden Bosnienkriegs und der damit verbundenen 1425-tägigen Belagerung der Stadt Sarajevo. Bei dem Konzert kam es nun zu einer außergewöhnlichen Premiere: Pavarotti sang zum ersten Mal das von U2 und deren Produzenten Brian Eno geschriebene Protestlied *Miss Sarajevo* zusammen mit der irischen Rockband, die von einem großen Orchester begleitet wurde. Das Lied wurde zu einem Symbol für das Grauen des langen Krieges und ganz nebenbei auch zu einem veritablen Hit.

Wenn David Garrett nun also bekundete, von der Idee hinter »Pavarotti & Friends« angetan zu sein, gibt das sicher Anlass zu Spekulationen. David betonte auch, dass ihn diese Art der Zusammenführung verschiedener Musikwelten faszinierte – die Erweiterung des Crossover-Prinzips über die Grenzen des eigenen Instruments hinaus. Es schien ihm reizvoll, nicht allein mit seiner Geige zeitgemäße Werke aus den Bereichen Rock und Pop zu interpretierten, sondern mit den Größen aus diesen Gebieten zusammen auf der Bühne zu spielen. Auch Namen nannte David bereits, etwa Steven Tyler von der US-Rockband Aerosmith, der bereits 1986 an einem Crossover-Projekt anderer Provenienz beteiligt war: Aerosmith hatten zusammen mit Run-D.M.C. ihren Hit *Walk this Way* eingespielt und damit einen Brückenschlag zwischen Hardrock und Hip-Hop vollzogen. Auch Christina Aguilera wurde von David Garrett genannt. David schätzt die Sängerin und kann sich ein Duett mit ihr gut vorstellen. Das Gleiche gilt für Popstars wie Joss Stone oder Alicia Keys.

Davids Gedanken über eine solche Erweiterung seines Cossover-Projekts sind gar nicht so neu. Bereits 2011 wurden Äußerungen von ihm zitiert, dass er sich Entsprechendes wünsche, eine Realisierung aber noch in der Ferne liege. Doch vielleicht ist eine entsprechende Ankündigung schon in naher Zukunft zu erwarten. Und es ist sicher nicht abwegig, dass eine der kommenden Tourneen den Titel »David Garrett & Friends« tragen könnte.

Solche Überlegungen setzen natürlich voraus, dass David nicht in ganz anderer Hinsicht seinem Leben eine neue Richtung gibt. Davids kurzlebige Liebschaften sind seit Langem Gesprächsthema und auch Davids wiederkehrende Verlautbarungen, dass sein enger Zeitplan und die ständigen Reisen eine feste Beziehung ausschließen, sind hinlänglich bekannt.

Ebenso häufig erklärte David jedoch, dass er sich wünsche, der Richtigen über den Weg zu laufen, der Frau, in die er sich so sehr verliebt, dass die Musik vielleicht nicht völlig in den Hintergrund tritt, jedoch durch eine zweite Leidenschaft Konkurrenz bekommt.

Das mag im Augenblick noch unwahrscheinlich klingen, doch viele der Wunderkinder, die ihre Kindheit und Jugend in den Dienst der Arbeit an ihrem Talent stellten, fanden später in der Lebensgemeinschaft mit einem anderen Menschen und der Gründung einer Familie ihren wahren Lebensinhalt.

Davids Lehrmeister und Vorbild Yehudi Menuhin heiratete sogar zweimal und zeugte insgesamt fünf Kinder. Allerdings wuchsen diese überwiegend in der Obhut von Kindermädchen auf, da der Violinist den größten Teil der Zeit auf Konzertreisen verbrachte. In diesem Fall schränkte also nicht die Ehe das Leben als Musiker ein, sondern die Familie hatte sich dem Beruf Menuhins anzupassen. Trotzdem spielte gerade seine zweite Frau die wichtigste Rolle in Menuhins Leben: Die Primaballerina Diana Gould, die er 1947 ehelichte, galt als die Liebe seines Lebens und begleitete ihn auf seinen Reisen rund um die Welt.

Selbst der für seine zahlreichen Liebschaften berüchtigte Niccolò Paganini lebte nicht immer allein. Paganini war bereits über 40 Jahre alt, als 1825 sein Sohn Achille Ciro Alessandro zur Welt kam. Die Mutter war die Sängerin Antonia Bianchi, die Paganini auf seinen Konzertreisen begleitete und mit ihm auftrat. Die Beziehung zwischen Paganini und Bianchi hatte nicht lange Bestand. Bei seinem Aufenthalt in Wien 1828 trennte sich Paganini von Bianchi, nicht aber von seinem Kind: Achille wurde von ihm liebevoll aufgezogen. Der Sohn blieb bis zum Tod des Vaters an dessen Seite und wurde als Alleinerbe eingesetzt.

Es ist also nicht unwahrscheinlich, dass auch David Garrett irgendwann der Frau begegnet, die ihn so sehr fasziniert, dass er sein Leben zwischen der Musik und der Beziehung teilt. Diese Möglichkeit wird dann noch realistischer werden, wenn David sein großes Ziel, die klassische Musik einem größeren und jüngeren Publikum näherzubringen, vollständig erreicht hat.

Dass dieser Zeitpunkt vielleicht gar nicht mehr so weit entfernt ist, zeigt eine Momentaufnahme aus dem Sommer 2013. Es ist ein Sonnabend in einer deutschen Großstadt, Fußgänger flanieren die Straßen entlang und fast an jeder Ecke heischen Straßenmusiker um Aufmerksamkeit. Sie spielen Songs von den Beatles oder den Rolling Stones. Meist versammeln sie nur eine Handvoll Zuhörer um sich. Plötzlich tauchen drei Jugendliche im Alter von 14 bis 16 Jahren auf, nehmen die Koffer von ihren Rücken und packen ihre Violinen aus. Sie beginnen zu spielen und setzen zu einer Melodie an, die Fans von David Garrett nur zu gut kennen: *Viva La Vida* von Coldplay. Augenblicklich bildet sich eine Menschentraube um die Geigenspieler, die sich auch dann nicht auflöst, als diese von Pop zu Klassik wechseln. David Garretts als unmöglich erachtete Mission hat die Menschen längst erreicht, die jungen Musiker ebenso wie die Zuhörer.

David Garrett – Die Diskografie 1995 bis 2013

CD

Violinkonzert Mozart
Mit Claudio Abbado und The Chamber Orchestra of Europe
1995

Titelliste:

1. Violin Concerto in D, KV 271i – 1. Allegro maestoso
2. Violin Concerto in D, KV 271i – 2. Andante
3. Violin Concerto in D, KV 271i – 3. Rondo. Allegro
4. Violin Concerto No. 4 in D, K. 218 – 1. Allegro
5. Violin Concerto No. 4 in D, K. 218 – 2. Andante cantabile
6. Violin Concerto No. 4 in D, K. 218 – 3. Rondeau. Andante grazioso – Allegro ma non troppo
7. Sonata for Piano and Violin in B flat, K. 454 – 1. Largo – Allegro
8. Sonata for Piano and Violin in B flat, K. 454 – 2. Andante
9. Sonata for Piano and Violin in B flat, K. 454 – 3. Allegretto

Violin Sonata
1995

Ludwig van Beethoven: Sonate für Klavier und Violine Nr. 5 F-Dur op. 24 »Frühlingssonate«

1. Allegro
2. Adagio molto espressivo
3. Scherzo, Allegro molto
4. Rondo, Allegro ma non troppo

Johann Sebastian Bach: Partita für Violine solo Nr. d-moll BWV 1004

5. Allemanda
6. Corrente
7. Sarabanda
8. Giga
9. Ciaccona

Wolfgang Amadeus Mozart

10. Adagio KV 261 für Violine und Klavier

David Garrett
Kadenz
Johann Sebastian Bach

Paganini Caprices
1997

24 Capricen für Violine

1. 24 Caprices for Violin, Op.1 - No. 1 in E
2. 24 Caprices for Violin, Op.1 – No. 2 in B minor
3. 24 Caprices for Violin, Op.1 – No. 3 in E minor
4. 24 Caprices for Violin, Op.1 – No. 4 in C minor
5. 24 Caprices for Violin, Op.1 – No. 5 in A minor
6. 24 Caprices for Violin, Op.1 – No. 6 in G minor
7. 24 Caprices for Violin, Op.1 – No. 7 in A minor
8. 24 Caprices for Violin, Op.1 – No. 8 in E flat
9. 24 Caprices for Violin, Op.1 – No. 9 in E
10. 24 Caprices for Violin, Op.1 – No. 10 in G minor

11. 24 Caprices for Violin, Op.1 – No. 11 in C
12. 24 Caprices for Violin, Op.1 – No. 12 in A flat
13. 24 Caprices for Violin, Op.1 – No. 13 in B flat
14. 24 Caprices for Violin, Op.1 – No. 14 in E flat
15. 24 Caprices for Violin, Op.1 – No. 15 in E minor
16. 24 Caprices for Violin, Op.1 – No. 16 in G minor
17. 24 Caprices for Violin, Op.1 – No. 17 in E flat
18. 24 Caprices for Violin, Op.1 – No. 18 in C
19. 24 Caprices for Violin, Op.1 – No. 19 in E flat
20. 24 Caprices for Violin, Op.1 – No. 20 in D
21. 24 Caprices for Violin, Op.1 – No. 21 in A
22. 24 Caprices for Violin, Op.1 – No. 22 in F
23. 24 Caprices for Violin, Op.1 – No. 23 in E
24. 24 Caprices for Violin, Op.1 – No. 24 in A minor

Violin Concertos
Tschaikowsky & Conus
2001

Tschaikowsky

Konzert für Violine und Orchester D-Dur op. 35

1. Allegro moderato
2. Canzonetta. Andante
3. Finale. Allegro vivicissimo

Jules Conus

Konzert für Violine und Orchester e-moll

1. Allegro molto. Andante espressivo
2. Adagio
3. Andante espressivo. Cadenza

Pure Classics
2002

1. Mozart – Konzert für Violine KV 271i – 1. Allegro maestoso
2. Bach – Partita für Violine solo No. 2 BWV 1004 – 4. Giga
3. Beethoven Sonate für Violine und Klavier No. 5 in F-Dur, Op. 24 – Frühlingssonate – Allegro
4. Mozart – Sonate KV 454 – 3. Allegretto
5. Paganini – Caprice Op 1. Nr. 1
6. Paganini – Caprice Op 1. Nr. 4
7. Paganini – Caprice Op 1. Nr. 9
8. Conus – Konzert für Violine – Adagio
9. Paganini – Caprice Op. 1 Nr. 6
10. Paganini – Caprice Op 1. Nr. 13
11. Tschaikowsky – Konzert für Violine Op. 35 – 3. Finale
12. Paganini – Caprice Op 1. Nr. 24

Virtuoso
2007

1. La Califfa (Morricone)
2. Carmen-Fantasie mit Paco Peňa, Gitarre
3. Nothing Else Matters (Metallica)
4. Csárdás – Gypsy Dance (Monti)
5. Duelling Banjos (aus dem Film *Deliverance – Beim Sterben ist jeder der Erste*)
6. Paganini Rhapsody (Caprice 24)
7. Flight of The Bumble Bee (Hummelflug; Rimski-Korsakow
8. Serenade (Garrett)
9. Toccata (Garrett)
10. Somewhere (aus Bernsteins *Westside Story*)
11. Eliza's Song (Garrett)

Encore
2008

1. Smooth Criminal
2. Who Wants To Live Forever?
3. Clair De Lune
4. He's A Pirate
5. Summertime
6. Brahms Hungarian Dance No. 5
7. Chelsea Girl
8. Summer
9. O Mio Babbino Caro
10. Air
11. Thunderstruck
12. New Day
13. Ain't No Sunshine
14. Rock Prelude
15. Winter Lullaby
16. Zorba's Dance

Classic Romance
2009

1. Humoresque
2. Méditation
3. None But The Lonely Heart
4. Serenade
5. Zigeunerweisen – 1: Moderato
6. Zigeunerweisen – 2: Un peu plus lent
7. Zigeunerweisen – 3: Allegro molto vivace
8. Salut d'amour

9. Vocalise
10. Mendelssohn Violin Concerto – 1: Allegro molto appassionato
11. Mendelssohn Violin Concerto – 2: Andante
12. Mendelssohn Violin Concerto – 3: Allegro molto vivace

Rock Symphonies
2010

1. Smells Like Teen Spirit
2. November Rain
3. The 5th
4. Walk This Way
5. Live And Let Die
6. Vivaldi vs. Vertigo
7. Master of Puppets
8. 80th Anthem
9. Toccata
10. Asturias
11. Kashmir
12. Rock Symphony
13. Peer Gynt
14. Mission Impossible
15. Rocking All Over The World

Legacy
2011

Beethoven: Violin Concerto in D-Dur, Op. 61

1. Allegro ma non troppo
2. Larghetto
3. Rondo (Allegro)
4. Kreisler: Praeludium and Allegro in the style of Pugnani
5. Rachmaninov: Rhapsody on a Theme of Paganini, Op. 43 arr. Franck van der Heijden – Variation 18
6. Kreisler: Caprice Viennois, Op. 2
7. Kreisler: Variations on a theme of Corelli in the style of Tartini
8. Kreisler: Romance: Larghetto on a theme by Carl Maria von Weber
9. Kreisler: Tambourin Chinois, Op. 3
10. Kreisler: Liebesleid

Music
2012

1. Viva La Vida
2. Cry Me A River
3. Beethoven – Scherzo
4. Human Nature
5. Tico Tico
6. Chopin – Nocturne
7. Whole Lotta Bond
8. Clementi – Sonatina
9. Sandstorm
10. Music

11. Sabre Dance
12. Bach – Konzert für zwei Cembali C-Dur
13. We Will Rock You
14. Celtic Rondo
15. Ode To Joy

14
2013

1. Niccolò Paganini: La Campanella op. 7
2. Giuseppe Tartini: »Il Trillo del Diavolo« Larghetto
3. Guiseppe Tartini: »Il Trillo del Diavolo« Allegro Energico
4. Guiseppe Tartini: »Il Trillo del Diavolo« Grave
5. Guiseppe Tartini: »Il Trillo del Diavolo« Allegro assai
6. Antonin Dvořák: Humoresque
7. Franz Schubert: Ave Maria
8. Fritz Kreisler: Praeludium und Allegro (in the style of Gaetano Pugnani)
9. Peter Tchaikowsky: None But The Lonely Heart
10. Henryk Wieniawski: Fantaisie Brillante op. 20
11. Fritz Kreisler: Liebesleid
12. Edward Elgar: La Capricieuse
13. Max Bruch: Kol Nidrei op. 47

DVD

David Garrett live In Concert & in Private
2009

1. He's A Pirate
2. Who Wants To Live Forever
3. Carmen-Fantasie op. 25
4. Air
5. Brahms: Hungarian Dance No. 5
6. Smile
7. Zapateado
8. Winter Lullaby
9. Rock Prelude
10. Smooth Criminal
11. Ain't no Sunshine
12. Winter (from »The Four Seasons«)
13. Csárdás – Gypsy Dance
14. Summertime (from »Porgy & Bess«)
15. Duelling Banjos (Duelling Strings)
16. Zorba's Dance
17. Chelsea Girl
18. Bach: Violin Concerto in E Major: 3rd Movement
19. Volare (Nel Blu Dipinto Di Blu)
20. Nothing Else Matters
21. Paganini: Carnevale Di Venezia
22. Humoresque
23. Summer
24. The Flight Of The Bumblebee
25. A Whole New World (from «Aladdin")
26. Sarabande

Rock Symphonies – Open Air Live
2010

1. Kashmir
2. Brahms: Hungarian Dance No. 5
3. He's A Pirate (»Pirates Of The Caribbean«-Theme)
4. Live And Let Die
5. Serenade
6. Jota Navarra
7. Smells Like Teen Spirit
8. Csárdás – Gypsy Dance
9. Duelling Banjos (Duelling Strings)
10. Mission Impossible (»Mission Impossible«-Theme)
11. Walk This Way
12. Smooth Criminal
13. Childs Anthem
14. Vocalise
15. Summer
16. Peer Gynt Suite
17. Bicycle Race
18. Zorba's Dance
19. Humoresque
20. Little Wing
21. Asturias
22. Master Of Puppets
23. I'll Stand By You
24. Rocking All Over The World
25. Thunderstruck
26. Nothing Else Matters
27. Flight Of The Bumblebee
28. Hey Jude

Legacy – Live in Baden-Baden
2012

1. Start (Dokumentation)
2. How It All Began (Dokumentation)
3. The First Concert (Dokumentation)
4. Leaving Home (Dokumentation)
5. The Turning Point (Dokumentation)
6. Combining Classical & Rock (Dokumentation)
7. Verbier Festival (Dokumentation)
8. Recording »Legacy« (Dokumentation)
9. Beethoven: 1. Allegro ma non troppo (Violinkonzert in D-Dur, Op. 61)
10. Beethoven: 2. Larghetto (Violinkonzert in D-Dur, Op. 61)
11. Beethoven: 3. Rondo (Allegro) (Violinkonzert in D-Dur, Op. 61)
12. Kreisler: Praeludium and Allegro in the style of Pugnani
13. Rachmaninoff: Variation 18 (Rhapsody on a Theme of Paganini, Op. 43 – Arr. Franck van der Heijden)
14. Kreisler: Caprice Viennois, Op. 2
15. Kreisler: Variations on a theme of Corelli in the style of Tartini
16. Kreisler: Romance: Larghetto on a theme by Carl Maria von Weber
17. Kreisler: Tambourin Chinois, Op. 3
18. Kreisler: Liebesleid

Music – Live in Concert
2012

1. We Will Rock You
2. Sabre Dance
3. Whole Lotta Bond
4. Human Nature
5. Beethoven: Scherzo
6. Live & Let Die
7. Tico Tico
8. Yesterday
9. Funiculi Funicula
10. Welcome To The Jungle
11. Thank You For Loving Me
12. He's A Pirate
13. Palladio
14. Sandstorm
15. Viva La Vida
16. Clementi: Sonatina
17. Kashmir
18. Celtic Rondo
19. Cry Me A River
20. Misirlou
21. Leningrad
22. Variations on a theme of Corelli
23. Desperado
24. Stop Crying Your Heart Out
25. Highway To Hell
26. Teen Spirit
27. Music
28. Let It Be

Quellen

http://david-garrett.com/wp-content/uploads/2012/03/Playing-for-my-Life-Review-Codex-Flores.pdf

http://david-garrett-support.de/Bio.html

http://de.wikipedia.org/wiki/Claudio_Abbado

http://de.wikipedia.org/wiki/Fritz_Kreisler

http://de.wikipedia.org/wiki/Ida_Haendel

http://de.wikipedia.org/wiki/Waggonfabrik_Talbot

http://de.wikipedia.org/wiki/Zakhar_Bron

http://laberpla.net/eventguide-david-garrett/

http://pagewizz.com/ist-david-garrett-der-neue-paganini-unserer-zeit/

http://www.20min.ch/unterhaltung/people/story/19714786

http://www.3sat.de/mediathek/index.php?display=1&mode=suche&query=garrett

http://www.aachener-zeitung.de/sixcms/detail.php?template=az_detail&id=351430&_wo=News:Kultur&_g=Er-gilt-als-%C2%ABDavid-Beckham-der-Violine%C2%BB)

http://www.abendblatt.de/vermischtes/journal/article1006543/David-Garrett-Der-durchgestylte-Klangkoerper.html

http://www.abendzeitung-muenchen.de/inhalt.klassik-im-film-garrett-als-paganini-hose-runter-und-zack.943bae1b-d048-405e-b5a5-b2c41b37d144.html

http://www.antenne.de/David-Garrett-war-als-Kind-ziemlich-eitel__classicrock_152291_news.html

http://www.bad-aachen.net/site/fragebogen/fragebogen_0509.pdf

http://www.berliner-zeitung.de/archiv/david-garrett-ueber-routinen-in-der-kindheit--fehlendes-selbstvertrauen-und-seinen-respekt-vor-popmusik--ich-wollte-immer-ganz-oben-anfangen-,10810590,10545326.html

http://www.bild.de/unterhaltung/musik/wohnung/video-leslie-mandoki-in-new-york-12751860.bild.html

http://www.bild.de/unterhaltung/tv/promi/star-geiger-david-garrett-mit-oma-und-stradivari-zu-guenther-jauch-10489366.bild.html

http://www.br-online.de/kinder/fragen-verstehen/musiklexikon/2007/01777/

http://www.bunte.de/lifestyle/david-garrett-special/david-garrett-ein-leben-fuer-die-musik_aid_37219.html

http://www.bz-berlin.de/leute/david-garrett-ueber-sinn-und-leben-article1654136.html

http://www.ciao.de/Alles_mit_I__Test_8573461

http://www.david-garrett.com/wp-content/uploads/2010/10/www.merkur.de_index.php_id45275type98.pdf

http://www.david-garrett.com/wp-content/uploads/2010/10/www.merkur.de_index.php_id45275type98.pdf

http://www.david-garrett.info/around.php?lang=ger

http://www.david-garrett.info/media/magazines/Zitate_Semmel.pdf

http://www.david-garrett-fans.com/english/press.html

http://www.david-garrett-fans.com/english/press_12.html#200905jolie

http://www.deluexmagazin.de/rostock/themen/david-garrett.html

http://www.derwesten.de/nrz/kultur/musik/david-garrett-ich-kann-mir-keine-pause-goennen-id47813.html

http://www.derwesten.de/staedte/dortmund/kultur/david-garrett-und-seine-traeume-id6168324.html

http://www.erdbeerlounge.de/stars-entertainment/David-Garrett-Eitel-als-Kind-3729/

http://www.fanfiktion.de/s/4ffda11b000237e90c9007d1/4

http://www.freizeitfreunde.de/de/editorial/aktuell_und_bewegend/boulevard/boulevard_artikel_19904.html

http://www.freundin.de/leben-kultur-interview-david-garrett-vom-streber-zum-rockstar-41885.html

http://www.fr-online.de/panorama/david-garrett-im-interview--musik-ist-kein-leistungssport-,1472782,14797990.html

http://www.guardian.co.uk/lifeandstyle/2011/apr/16/i-crushed-my-million-pound-violin-garrett

http://www.hans-rott.de/WDR%20SO.pdf

http://www.klassikakzente.de/aktuell/uebersicht/news/article:203560/david-garretts-neues-album----legacy------das-verm--chtnis-fritz-kreislers

http://www.kultiversum.de/All-Kultur-Koepfe/David-Garrett-Kultur-Kopf-Brad-Pitt-der-Klassik.html

http://www.kultiversum.de/Musik-Partituren/WUNDERVIEW-4-Jetzt-kommt-der-Sahnenachschlag.html

http://www.laut.de/David-Garrett

http://www.lhm-lounge.de/downloads/standardbeitrag/524695/LI01E0308_s34-41_LH_4786.pdf

http://www.medienbuero-krueger.de/index.html

http://www.morgenpost.de/kultur/article1431742/David-Garrett-der-netteste-Geiger-der-Welt.html

http://www.morgenpost.de/kultur/berlin-kultur/article114724429/David-Garrett-So-etwas-wie-Pubertaet-gibt-es-gar-nicht.html

http://www.myheimat.de/guenzburg/kultur/david-garrett-im-interview-den-hummelflug-in-65-sekunden-gespielt-d379547.html

http://www.ndr.de/ndr2/programm/sendungen/tietjen_talkt/tietjen1135.html

http://www.noz.de/deutschland-und-welt/politik/27757120/david-garrett-als-kind-immer-traurigkeit-gespuert

http://www.noz.de/deutschland-und-welt/politik/27757120/david-garrett-als-kind-immer-traurigkeit-gespuert

http://www.ok-magazin.de/people/interview/5040/David-Garrett-im-OK-Interview

http://www.planet-interview.de/david-garrett-18032008.html

http://www.planet-interview.de/david-garrett-18032008.html

http://www.rsgv.de/jugend_musiziert/lib/assets/seo/page11.html

http://www.ruhrnachrichten.de/nachrichten/kultur/kudo/Rock-Anthems-Tour-David-Garret-spricht-im-Interview-ueber-Frauen-Fans-und-Vorbilder;art1541,1605404

http://www.ruhrnachrichten.de/nachrichten/kultur/kudo/Rock-Anthems-Tour-David-Garret-spricht-im-Interview-ueber-Frauen-Fans-und-Vorbilder;art1541,1605404

http://www.rundschau-online.de/home/david-garrett-rueckkehr-zur-geliebten-stradivari,15184882,15434980.html

http://www.soziologie-etc.com/soz/buch-hoelle/19_kindsmissbrauch-geigenstunde.htm

http://www.stern.de/kultur/musik/2-interview-mit-star-violinist-david-garrett-pullern-am-broadway-618018.html

http://www.stern.de/kultur/musik/2-interview-mit-star-violinist-david-garrett-pullern-am-broadway-618018.html

http://www.stern.de/kultur/musik/david-garrett-im-interview-durch-einen-frack-wird-musik-nicht-schoener-1988354.html

http://www.stern.de/kultur/musik/interview-mit-star-violinist-david-garrett-pullern-am-broadway-618018.html

http://www.stimme.de/deutschland-welt/panorama/starsderwoche/David-Garrett;art8797,2598757

http://www.stuz.de/sites/www.stuz.de/files/epapers/pdf/stuz_110.pdf

http://www.sueddeutsche.de/kultur/geiger-david-garrett-von-der-tragik-eines-ehemaligen-wunderknaben-1.1192623

http://www.tagblatt.de/Home/nachrichten/kultur/ueberregionale-kultur_artikel,-David-Garrett-Das-einstige-Geigen-Wunderkind-hat-sich-durchgebissen-_arid,89462.html

http://www.universal-music.de/david-garrett/biografie

http://www.welt.de/kultur/article1646776/Durch-den-Dreck-gegangen.html

http://www.welt.de/wams_print/article1717009/Star-Geiger_aus_Aachen.html

http://www.zeit.de/2009/03/P-Schwenkow

http://www.zeit.de/kultur/2010-01/david-garrett-joshua-bell/seite-1

http://www.zeit.de/online/2009/02/david-garrett-interview

http://www.zeit.de/online/2009/27/david-garrett-michael-jackson

Bildnachweis Bildteil

Seite 1
Oben links: © dpa/picture alliance/Alvaro Yanez, Deutsche Grammophon
Oben rechts: © Ullstein Bild/Galuschka
Unten: © Getty Images/Paul Bergen

Seite 2
Oben: © Action Press/ Thomas Meyer
Oben rechts: © WENN/Patrick Hoffmann
Unten: © Star Press/Kay Kirchwitz

Seite 3
Oben links: © Getty Images/Gustavo Caballero
Oben rechts: © Getty Images/Gareth Cattermole
Unten links: © Getty Images/Boston Globe
Unten rechts: © Getty Images/New York Daily News Archive

Seite 4
Oben: © Getty Images/Sean Gallup
Unten: © WENN/Andre Kierczynski

Seite 5
Oben: © dpa/picture alliance/Henning Kaiser
Unten: © WENN/Patrick Hoffmann

Seite 6
Oben: © Getty Images/Ronny Hartmann
Unten: © Action Press/Frank Hempel

Seite 7
Oben rechts: © Action Press/ABACA PRESS
Oben links: © Action Press/+FOTO
Unten: © Action Press/MAGICS

Seite 8
Oben rechts: © dpa/picture alliance/Paganini_Ug
Oben links: © FierceAbin
Unten: © dpa/picture alliance/Paganini_Ug